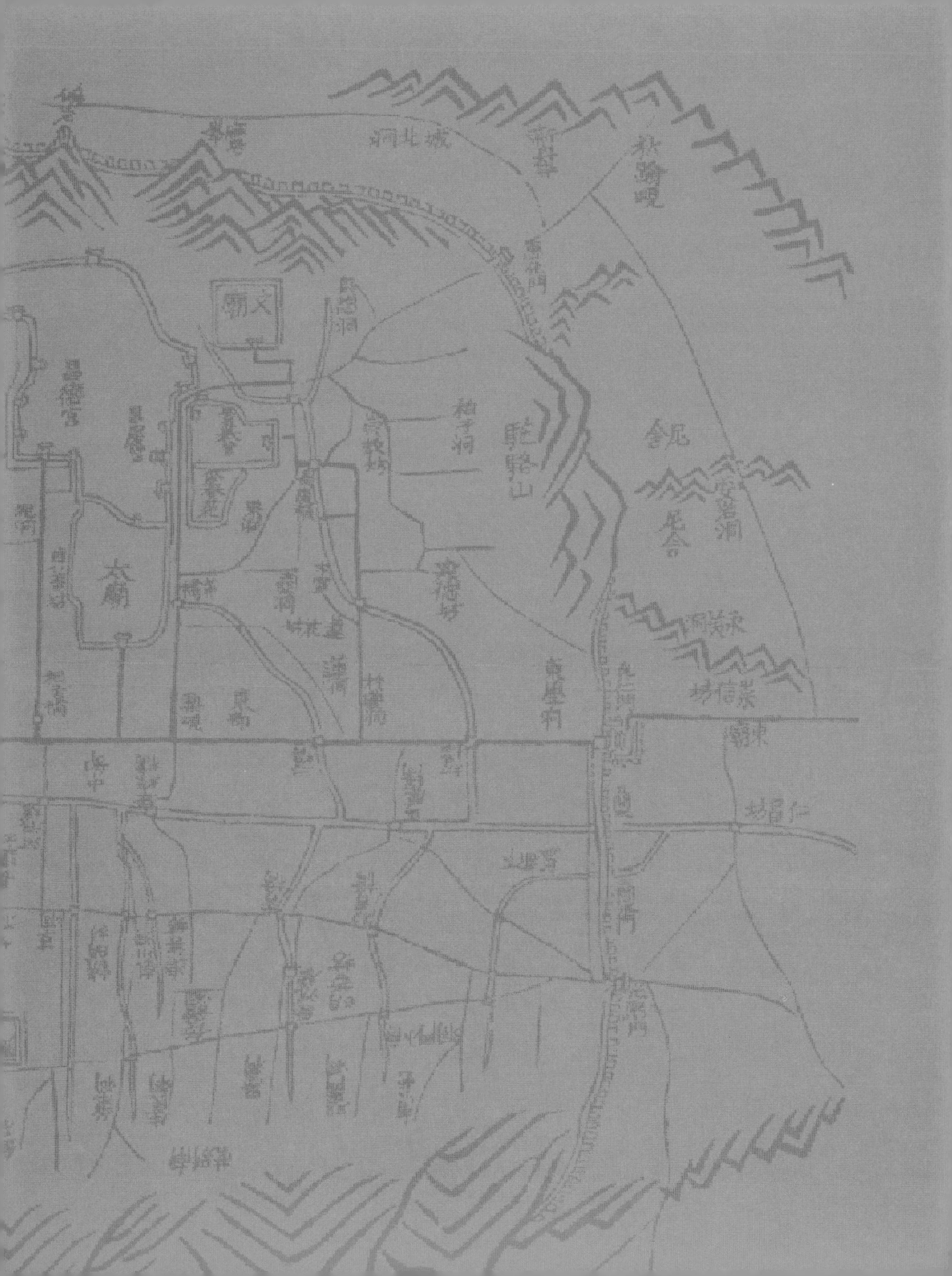

구석구석 찾아낸 서울의
숨은 역사 이야기 ❷

학의 깃털로 군함을 만들어? - 망원정

글 권영택 | 그림 김건

책먹는아이

| 머 리 말 |

문화유산을 가꾸고 보전해야 하는 이유

우리가 역사를 배우고 선조들이 남긴 문화유산을 보호하고 가꿔야 하는 이유는 무엇일까요?

우선은 역사가 지나간 과거이기는 하지만, 사람이 만들어가는 역사는 계속해서 반복되는 것이기에 과거의 역사를 통해 미래를 내다볼 수 있는 혜안을 기를 수 있기 때문에 역사를 배우는 것입니다.

또한 오늘을 사는 우리에게는 우리가 만들어낸 역사와 더불어 우리의 선조들이 남긴 훌륭한 문화유산을 우리의 후손들에게 잘 전달해 줄 의무가 있기 때문입니다.

지금 당장은 경제적 가치가 없는 것처럼 보일지 모르지만, 선진국일수록 문화유산을 보호하고 아끼는 것을 보면 꼭 그렇지만도 않은 것 같습니다. 아니, 오히려 문화유산은 값으로 따질 수 없는, 그 이상의 의미를 지닌 것이라고 할 수 있을 것입니다. 거리에 굴러다니는 돌멩이 하나라도 함부로 할 수 없는 이유가 바로 여기에 있습니다.

이 책이 역사를 배워야 하는 이유, 우리의 문화유산을 보호하고 가꾸어야 하는 이유에 대해 조금이라도 답이 되었으면 하는 바람입니다.

2권에서는 다음과 같은 내용을 다루고 있습니다.

양화나루 – 이 양화나루에서 고래가 잡혔다면 믿을 수 있나요? 사실입니다. 1922년, 양화나루에서 고래가 잡혔다는 기록이 있습니다. 또 《지봉유설》이라는, 우리나라 최초의 백과사전에도 한강에서 고래가 잡혔다는 기록이 있고요.

망원정 – 흥선대원군 집권 당시 학의 깃털로 군함을 만들어 망원정 앞에서 진수식을 거행한 적이 있대요. 물론 물에 띄우자마자 가라앉았지요. 이해가 되나요? 대원군은 무슨 생각으로 학의 깃털로 군함을 만들 생각을 다 했을까요?

홍제천 – 병자호란 때 청나라에 끌려갔다 돌아온 여인들을 환향녀라고 불렀대요. 몸을 더럽힌 여자라는 의미로 그렇게 부른 것이죠. 인조 임금은 이들을 위해 홍제천에 몸을 씻으면 과거의 일이 없어진 걸로 치겠다고 했대요. 실로 분하고 서러운 사연이 서린 이야기입니다.

이 밖에도 호랑이보다 관리들이 더 무서웠다는 사연이 있는 무악재, 관우를 모신 사당 동묘, 사람이 살지 않는 밤섬 이야기 등 구석구석 찾아낸 흥미진진한 이야기가 많이 담겨 있습니다.

글쓴이 권영택

| 차례 |

드디어 2차 모험이다! • 10

제1장 한강에서 고래가 잡혔다는데? - 양화진

아름답기로 유명했던 양화나루 • 15
나라를 위해 역적이 된 강홍립 • 19
역적으로 몰린 강홍립의 식구들 • 23
자, 떠나자. 고래 잡으러~! • 26

알쏭달쏭 역사 확대경 지봉유설 | 병인박해 | 새남터 • 30

제2장 학의 깃털로 군함을 만들어? - 망원정

동생에게 임금 자리를 양보한 양녕대군 • 37
선교사의 처형에 분노한 프랑스의 침입 • 41

알쏭달쏭 역사 확대경 병인양요 • 48

제3장 금덩이를 강물에 던져 버린 형제 - 양천 고을

길에서 주운 두 개의 금덩이 • 53
금덩이를 버리고 택한 형제의 우애 • 55
조선의 명의, 허준이 태어난 곳 • 59

제4장 더럽혀진 몸을 모래내에서 씻다 - 홍제천

당파 싸움에 희생된 광해군 • 67
나라를 배신하고 반란을 일으킨 이괄 • 69
수모를 겪으며 청에 항복하는 인조 • 72
흐르는 물에 서러운 사연을 씻어내고 • 77

알쏭달쏭 역사 확대경 인조반정 • 80

제5장 호랑이보다 관리들이 더 무서워 - 모악과 무악재

조선의 주산이 될 뻔한 모악산 • 85
열 명이 모여야 넘을 수 있던 고개 • 89
호랑이보다 더 무서운 유인막 관리들 • 91

알쏭달쏭 역사 확대경 독립문 | 서대문형무소역사관 • 94

제6장 관우 사당이 서울에도 있다 - 동관묘

삼국지의 명장, 관우 • 101
전쟁에서 무사하기를 기원하는 병사들 • 104
고종이 친히 관우 사당을 짓다 • 110
배고픈 군인들이 반란을 일으키다 • 117
무당의 아버지가 된 관우 • 120

알쏭달쏭 역사 확대경 이여송 | 임오군란 • 124

제7장 밤섬이 고려 때는 귀양지였대 - 한강 밤섬

사람이 살지 않는 무인도, 밤섬 • 129
두 그루의 충신목이 자라던 섬 • 133

알쏭달쏭 역사 확대경 공양왕 | 여의도의 어제와 오늘 • 140

제8장 아소정 호랑이가 우나? - 공덕동 아소정터

강물을 보며 시름을 달래다 • 145
싸움을 붙여라! - 만리동 고개 • 151

알쏭달쏭 역사 확대경 조선왕조실록 | 갑오개혁 • 156

드디어 2차 모험이다!

잔뜩 긴장하고 서울을 돌아다닌 탓인지 여기저기 안 아픈 데가 없었어. 정호 오빠(이렇게 안 부르면 가만 안 두겠다고 엄포를 놓더라고. 뭐, 나도 오빠가 있으니까 그리 나쁘지는 않고.^^)랑 돌아다닐 땐 신나서 몰랐거든.

엄마 말로는 밤새 끙끙 앓았다는 거야. 그래서 훌륭한 지리학자가 되려면 아무래도 먼저 운동을 열심히 해서 더 튼튼해져야겠다는 생각을 했어.

아무튼 나 민지가 좀 아팠다는 거지. 근데, 잘 아프지 않던 내가 아프니까 엄마랑 아빠가 엄청 잘해 주시는 거야. 가끔 아파 볼까 하는 생각까지 들더라니까. 일주일 정도 지나니까 왠지 몸이 막 근질근질하고 기분이 가라앉고 그러더라고. 벌레한테 물린 것도 아닌데, 도대체 왜 그런 걸까?

오랜만에 컴퓨터를 켰어.

띵동~!
메일을 확인하세요.

잔뜩 쌓인 메일함 정리를 했지.

"쳇, 초등학생한테 무슨 이런 광고메일을 다 보낸담."
투덜거리고 있는데 메일 한 통이 눈에 들어왔어.

'한강에서 고래를 잡겠다고? 이런 말도 안 되는 소리를……'

나는 너무 우스워서 배꼽을 잡고 데굴데굴 굴렀어.

그러다 문득 정신이 번쩍 들었어.

'맞다! 정호 오빠라면 가능할지도 몰라. 어차피 정호 오빠를 만난 것부터가 불가사의한 일이잖아?'

가슴이 쿵쾅쿵쾅 뛰기 시작했어. 근질근질하던 증상이 어느새 싹 사라져 버렸어. 나는 창문을 활짝 열고 똘똘이를 불렀어.

"똘똘아, 드디어 2차 모험이다~!"

아름답기로 유명했던 양화나루

지금은 흔적조차 없이 사라져 버렸지만, 한강을 따라 하류로 내려가다 보면 그 옛날엔 노량진, 마포나루 같은 유명한 나루터가 나타났더랬지.

나루란 강이나 좁은 바다의 물목에서 배가 닿고 떠나는 일정한 곳을 말해. 옛날에는 기차나 자동차가 없었기 때문에 많은 물건을 싣고 나르는 데 배를 따라올 만한 게 없었어.

그러니 조선의 수도 한양을 끼고 있는 한강에 물자를 싣고 오르내릴 나루터가 많았던 것은 어쩌면 당연한 일인지도 몰라.

노량진, 마포나루가 연평도, 제물포(지금의 인천 부근), 김포, 강

❶ 옛날의 마포나루 ❷ 개화기 제물포의 모습

화도 등지에서 올라오는 쌀과 생선 등을 부리는 곳이었다면, 한강 상류에 있었던 광나루, 송파나루 등은 북한강을 낀 춘천이나 남한강을 낀 여주, 이천, 충주 같은 지방에서 올라오는 물자를 내리던 곳이었어.

이 밖에도 크고 작은 여러 나루터가 있었는데, 지금 이야기하려는 나루터는 양화진이야. 양화진은 양화나루라고도 하는데, 지금도 옛날 지명을 그대로 쓰고 있어.

합정역에서 지하철 2호선을 타고 당산역을 향해 철교를 건너

한강의 옛나루터 자리

다 왼쪽을 보면 창 밖으로 절두산이 보여.

옛날에는 이 절두산을 '잠두봉'이라고 불렀대. 봉우리가 누에의 머리를 닮았다고 하여 붙여진 이름인데, 바로 이 잠두봉 아래가 양화나루터였어.

절두산은 1866년 수많은 천주교 신자가 목이 잘리어 숨진 뒤 얻게 된 이름이야. 봉우리 위에 성당 하나가 자리잡고 있는데, 천주교에서 세운 순교성지기념관이야.

양화나루는 다른 나루터에 비해 자연 경관이 참으로 아름다웠다고 해.

자연 경관이 아름다웠기 때문일까? 옛날 이 곳 양화나루는 물건을 싣고 내리는 나루터로서가 아니라, 유원지로 더 유명했다고 해.

이 나루터의 경치가 얼마나 좋았던지, 조선시대의 유명한 학자 화담 서경덕은 이렇게 말했을 정도야.

"이 양화나루에 와 있으면 학을 타고 논다는 신선이 전혀 부럽

절두산순교성지기념관 병인(1866) 순교 100주년을 기념하여 절두산 위에 지었다. 성당과 기념관 안에는 이벽, 정약용 등의 유물이 전시되어 있고, 광장 안에는 김대건, 남종삼의 동상과 사적비가 있다.

지 않아."

 그러나 이 양화나루가 아름다운 역사만 간직하고 있는 것은 아니야. 먼저 이 곳에 얽힌, 별로 유쾌하지 않은 이야기 하나 소개할까?

나라를 위해 역적이 된 강홍립

조선 중기 광해군 때였어. 흔히들 광해군 하면 연산군과 함께 나쁜 임금, 백성들을 괴롭힌 임금으로 생각하지만, 사실 광해군은 나라와 백성을 위해 한 일이 참 많은 임금이야.

《동의보감》 같은 훌륭한 의학 서적들도 이 때 편찬되었고, 도서관을 세우는가 하면 외교도 균형있게 잘하고 국방에도 힘을 기울인 훌륭한 임금이었어.

그런데 왜 임금 자리에서 쫓겨났냐고? 거기에 대해서는 나중에 따로 설명할게.

광해군 시절, 당시의 국제 정세는 참으로 미묘하고도 긴박하게 돌아가고 있었어. 하긴 국제 정세라고 해 봤자 중국을 빼면 할 말이 없을 정도였지만 말이야.

그 만큼 우리나라의 운명이 중국의 몸짓 하나에 좌지우지되던 시대였기도 해. 중국이 재채기를 하면 조선은 감기몸살로 앓아 눕는다는 우스갯소리가 있을 정도니까.

그 때 중국에서는 조선이 건국 이래 계속하여 형님 나라로 섬겨오던 명나라가 서서히 쇠퇴하고, 요동 지역에서 힘을 키운 후금(후에 청으로 나라 이름을 바꿈)이 점차 세력을 뻗쳐오고 있었어.

후금의 왕인 누르하치는 중국 대륙을 통일하기 위해 주변의 작은 나라들을 계속 공격하여 명나라를 옥죄고 있었지.

힘없는 조선은 그저 죽은 듯이 두 나라의 눈치만 살피고 있었는데, 어느 날 갑자기 청천벽력과도 같은 통첩을 받았어. 명나라가 사신을 보내어 조선에게 후금을 치라는 명령을 내린 거야.

이 명령을 받은 조선 조정은 마치 벌집을 쑤셔 놓은 것 같았어. 명나라의 명령을 따르자니 후금의 보복이 두렵고, 거절하자니 지금까지 형님 나라로 모셔온 명나라를 배신하는 꼴이 되기 때문이었지.

조정 대신들의 의견은 대부분 의리를 내세워 후금을 치자는 쪽으로 기울었으나 광해군의 생각은 달랐어. 조정 대신들이야 늘 후금을 오랑캐의 나라로만 여기고 깔보았지만, 국제 정세에 밝았던 광해군은 그게 그렇게 간단한 문제가 아니란 걸 잘 알고 있었거든.

조선이 머뭇거리자 명나라는 다시 사신을 보냈어.

"천자의 명령이오. 속히 후금을 치시오!"

'천자(天子)'란 통일된 중국의 명나라 임금을 일컫는 말이었어. 그것은 중국이 세계의 중심이고, 중국의 임금은 하늘의 아들(천자)로서 하늘에 의해 세워진 임금이란 뜻이야.

이미 쇠약해질 대로 쇠약해진, 늙고 이빨 빠진 종이호랑이 신세나 다름없었던 명나라. 그래도 자존심 때문이었는지 끝까지 '도와 달라'는 표현은 쓰지 않았어. 둘러치나 메어치나 같은 말이었지만 말이야.

명나라의 독촉을 받은 광해군은 더 이상 행동을 늦출 수가 없게 되었고, 결국 많은 신하들의 의견을 들은 후 후금을 치기로 결정했지.

후금의 보복이 두렵지 않아서였을까? 천만에! 광해군에게는 묘책이 있었어. 의리도 잃지 않고 실리도 챙길 수 있는 묘책 말이야.

광해군은 강홍립이라는 사람을 오도부원수로 임명하고, 군사 1만 명을 주어 후금을 치라는 명령을 내렸어. 그러나 출동 바로 전에 강홍립을 은밀하게 불러 이렇게 지시했어.

"장군, 명나라는 곧 멸망할 것이오. 그에 비해 후금은 그 힘이 넘쳐 오래지 않아 중국을 통일할 것이오."

"하, 하오면……!"

"그렇소. 일단 출동은 하되 상황을 보아 후금에 투항하시오. 그리고 짐의 뜻을 후금 왕에게 전하시오."

오도부원수라는 거창한 직함을 가지고 1만 명의 군사를 거느린 강홍립은 요동 부근에서 후금의 군대와 맞부딪쳐 보니, 요샛말로 장난이 아니라는 걸 느꼈어. 강홍립은 싸우는 척하다가 얼른 칼을 내려놓고 누르하치의 품으로 뛰어들었어.

누르하치는 이런 강홍립이 얼마나 예뻤을까? 아무리 적은 수의 군대라지만 용맹하기로는 둘째 가라면 서러워할 조선 군대가 아니었던가? 그런 조선 군대가 스스로 투항해 오다니!

"강 장군, 잘 생각했소."

"사실 저희 임금께서……."

"오오, 그래요? 과연 조선의 임금은 앞을 내다볼 줄 아는 혜안을 지니신 분이군요. 내가 약속하지요. 우리는 절대로 먼저 조선을 공격하지 않겠다고 말이오. 하하하!"

역적으로 몰린 강홍립의 식구들

이리하여 조선은 명나라에 대한 명분도 세우고, 후금에게 원한을 사지도 않게 된 거야. 모두가 지략이 뛰어난 광해군 덕분이었지.

그런데 오히려 조선에서는 난리가 났어. 광해군의 깊은 뜻을 모르는 조정 대신들이 들고일어난 거야.

"강홍립이란 자가 나라를 배신했어. 무지렁이도 아니고, 나라의 녹을 먹는 자가 어떻게 그럴 수 있단 말인가?"

대신들이 이렇게 떠들어대자, 백성들 또한 벌떼처럼 들고일어나 강홍립을 욕했지.

사실 옛날 백성들이 뭘 알았겠어? 신문이 있었나, 방송이 있었나. 그저 윗사람들이 '이렇소.' 하면 이런 줄로만 알았고, 또 '저렇소.' 하면 저런 줄로만 알았지.

더구나 강홍립이 항복한 이유를 광해군 외에는 아무도 아는 사람이 없었기에 강홍립이 반역자로 낙인찍힌 것은 당연한 일이었어.

그렇다고 임금이 나서서 강홍립을 변호할 분위기도 아니었어. 그랬다가는 명나라가 가만 있지 않을 테니까.

아무튼 백성들은 떼를 지어 강홍립의 집으로 달려갔어.

"나라를 배신한 강홍립의 가족은 조선을 떠나라!"

남겨진 강홍립의 가족들은 그저 집 안에 갇힌 채 부들부들 떨고만 있었어. 밖으로 나갔다가는 사람들이 던진 돌에 맞아 죽을 것만 같았지.

며칠 동안 집 앞에서 시위하던 사람들이 떠나자, 비로소 강홍립의 가족들은 겨우 바깥출입을 할 수 있었어.

그러나 또다른 난관이 이들을 기다리고 있었어. 마침 쌀이 떨어져 강홍립의 하인 하나가 쌀을 사기 위해 쌀집에 갔지.

"쌀 한 가마니만 주시오."

쌀집 주인은 흘깃 하인을 쳐다보더니 고개를 돌려 버리는 거야.

"팔 쌀이 없소이다."

"아니, 저렇게 쌀이 있는데 없다니, 지금 농담하는 거요?"

하인이 화가 나서 삿대질을 했어.

"딴 데 가 보슈. 반역자 집안에 팔 쌀은 없단 말이오."

반역자 집안이란 말에 하인은 그만 기가 팍 죽어 발길을 돌릴 수밖에 없었어.

쌀장수만이 아니었어. 야채장수는 야채장수대로, 나무장수는 나무장수대로 강홍립의 가족에겐 아무것도 팔지 않았어. 강홍립의 가족들은 돈이 있어도 굶어 죽을 처지에 놓이게 된 거야.

이 소식을 들은 광해군이 이를 안타깝게 여겨 몰래 쌀이며 장작 따위를 보내 주어 겨우 먹고 살아갈 수는 있었지만, 그들이 당한 수모는 상상을 뛰어넘는 것이었어.

심지어 아직까지도 어떤 역사책에서는 강홍립을 나라를 배신한 사람으로 적고 있으니, 강홍립은 아마 죽어서도 눈을 감지 못하고 있을 거야.

그런데 도대체 강홍립이 양화나루와 무슨 상관이 있냐고 의아해하겠지? 그건 바로 강홍립의 집이 이 곳 양화나루에 있었기 때문에 소개한 거야.

별로 유쾌한 이야기는 아니지? 그럼 이제 이 양화나루에서 고래가 잡혔다는 이야기를 해 볼까?

자, 떠나자. 고래 잡으러~!

한강에서 고래가 잡혔다면 과연 믿을 사람이 있을까? 아마 백이면 백 모두 '에이, 설마?' 하고 믿으려 하지 않겠지.

그러나 사실이야. 일제시대인 1922년, 틀림없이 양화나루에서 고래가 잡혔다는 기록이 있어.

뭐, 그래도 믿기 힘들다고? 그렇다면 예를 하나 더 들어 볼게. 이수광이라는 이름 들어 봤지? 광해군 때의 유명한 실학자*야. 그 분이 쓴 《지봉유설》이라는, 우리나라 최초의 백과사전이 있지. 그 책에 '머리 뒤에 코가 있고, 길이가 한 길(약 25~30m)이나 되는 하얀 물고기가 한강에서 잡혀 구경거리가 된 적이 있다' 라는 기록이 있어.

덩치가 크고 하얀색을 띠고 있었다는 것으로 보아, 그것은 고

실학자 실학은 실생활에 필요한 것을 연구하는 학문이다.

래 중에서도 돌고래 종류일 거라고 추측하고 있지.

"말도 안 되는 소리! 어떻게 민물인 한강에 바닷물고기인 고래가 올라올 수 있어?"

이렇게 말하는 사람들을 위해서 예를 하나 더 들어 줄게.

날씨 좋은 날, 한강 하류 둔치에 나가 보면 낚시꾼들이 줄줄이 늘어서서 낚시를 하고 있는 모습을 볼 수 있을 거야.

한강에 바닷물고기가 올라온다는 사실이 믿기지 않거든 그 사람들에게 이렇게 물어 봐.

"아저씨, 정말 한강에서 바닷물고기가 잡히나요?"

그러면 낚시꾼들은 이렇게 대답할 거야.

"한 10년 전만 해도 한강 하류에서 여러 종류의 바닷물고기가 잡히곤 했는데, 지금은 가끔 숭어나 망둥이 따위만 잡히지. 특히 사리 때가 되면 바닷물고기가 많이 올라온단다."

"사리요? 사리가 뭔데요?"

"녀석, 과학 시간에 졸았나 보구나. 사리란, 바다에서 밀물이 최고로 높아질 때를 말하지. 서해안에서는 저녁나절이면 밀려나갔던 바닷물이 다시 밀려들어오는데, 초승달이 생기기 시작할 때와 보름달이 되었을 때 바닷물이 가장 높게 밀려온단다. 이 현상은 달의 지구에 대한 인력 때문에 생기는 거야."

"아하! 그러니까 바다의 밀물이 바다와 바로 접해 있는 한강 하류까지 밀려오고, 그 때 밀물에 휩쓸려 바닷물고기도 따라 올라온다는 말이군요?"

"그렇지! 이제 보니 제법 똑똑한데? 옛날에는 한강이 맑았기 때문에 바닷물고기가 민물인 한강에 올라왔다가 제법 오랫동안 머무르곤 했다는데, 지금은 보다시피 이렇게 물이 오염되어 있으니 바닷물고기인들 오래 머물고 싶은 생각이 들겠니?"

운이 좋다면 아마 이런 대화를 나눌 수도 있을 거야. 더 운이 좋다면 낚시꾼이 낚아올린 숭어 따위 바닷물고기를 볼 수도 있

을 것이고…….

　아, 한강 물이 다시 옛날처럼 맑아질 수는 없을까? 그리고 망둥이, 숭어는 물론 우럭, 조기 같은 서해안의 물고기들이 은빛 비늘을 반짝이며 다시 이 양화나루로 올라올 날이 과연 또 있을까?

　누구든지 이런 생각을 하다 보면 가슴이 답답해짐을 느낄 거야. 이 모든 게 환경오염 탓 아니겠어?

　그런데 누가 환경을 오염시켰을까? 바로 우리들이지. 제 한몸 우선 편하자고 한 행동이 결국에는 모든 사람을 해친다는 생각을 왜 하지 못할까?

　그러나 그들을 탓하고 있을 수만은 없어. 우리 모두가 환경 지킴이가 되어 두 눈 크게 부릅뜨고 자연을 오염시키는 사람들을 막아야 해.

　참고로 2000년 2월, 일본의 나고야 시내를 가로지르는 강에 범고래가 나타나 화제가 된 적이 있어. 이 기사 하나만으로도 한강에서 고래가 잡혔다는 사실이 증명될 수 있지 않을까?

　일본에서는 이것을 두고 오염되었던 강물이 시민들의 노력으로 다시 맑아졌기 때문이라면서 모두들 기뻐했다니, 정말 부러운 일이 아닐 수 없어.

알쏭달쏭 역사 확대경

지봉유설

광해군 때 이수광이 쓴 백과사전식 저서로 총 20권 10책으로 구성되어 있습니다. 이수광은 이 책을 쓰기 위해 무려 국내외의 책 348권을 읽고 참고하였으며, 총 3,435항목을 소개하였습니다.

당시 '예'나 '효' 같은 공허한 명분에만 사로잡혀 있던 학계에 실생활에 필요한 자료를 소개함으로써 새바람을 일으킨 책입니다. 이수광은 선진국의 의학, 천문학, 경제 등을 처음으로 이 책에 소개했을 뿐만 아니라, 각종 서구 문물과 함께 가톨릭에 관해서도 상세하게 밝혔습니다.

❶ 지봉유설 ❷ 이수광(1563~1628)의 묘 경기도 양주시 장흥면.

 ## 병인박해

1866~1871년 사이 네 차례에 걸쳐 이루어진 천주교 박해를 가리킵니다.

청나라의 천주교 탄압 소식은 대원군 반대 세력으로 하여금 천주교와 접촉하고 있던 대원군에게 정치적인 공세를 취하게 하였습니다. 정치적 생명에 위협을 느낀 대원군은 천주교 박해령을 선포하였습니다.

1866년 베르뇌, 다블뤼 등 9명의 프랑스 신부와 수많은 신자가 서울 새남터와 충남 보령의 갈매못에서 순교하였습니다.

이에 프랑스 동양함대 사령관 로즈는 7척의 군함을 이끌고 와 병인양요를 일으켰습니다. 이로 말미암아 대원군은, 서양 오랑캐의 발자국으로 더럽혀

❶ **절두산순교성지기념관** 봉우리가 누에의 머리를 닮았다고 하여 잠두봉이라 불리다가 1866년 병인박해로 수많은 신자들이 목이 잘리어 숨진 뒤 절두산이라는 지명을 얻게 되었다. ❷ **절두산 순교자 기념탑**

진 땅은 그들과 통하는 무리의 피로 씻어야 한다며 절두산, 새남터 등 주로 서울과 해안 지방을 처형지로 정했습니다.

1868년 오페르트의 대원군 아버지 남연군 묘 도굴 사건, 1871년 신미양요 등으로 다시 박해가 가중되었고, 1873년 대원군이 실각하자 병인박해가 마무리되었습니다.

 새남터

❶ 새남터기념관
❷ 새남터순교기념성당

서울 용산구 이촌동에 있는 새남터는 조선 초기부터 군사들의 연무장으로

사용됐고, 중죄인의 처형장으로 사용되어 온 곳입니다. 1456년(세조 1)에 사육신이 처형당한 역사의 현장이자, 1801~1866년 사이에 무려 10명의 외국인 사제가 순교한 곳이기도 합니다.

1801년 신유박해 때 중국인 주문모 신부가 순교하였고, 1839년 기해박해 때는 모방, 샤스탕 신부와 앵베르 주교가 순교하였습니다. 또 1846년에는 한국인 최초의 신부 김대건이 순교하였고, 1866년 병인박해 때는 베르뇌 주교 등 6명의 프랑스인 신부가 이 곳에서 순교하였습니다.

❶ 천주교 비밀 집회 모습
❷ 앵베르, 모방, 샤스탕의 처형 광경
❸ 김대건(1822~1846) 신부

동생에게 임금 자리를 양보한 양녕대군

민지야. 너, 세종대왕 알지? 근데 세종대왕이 첫째 아들이 아니라 셋째 아들이었던 것도 아니? 하하, 안다고? 이런, 내가 민지를 너무 무시했구나. 그럼 왜 셋째가 임금이 되었는지도 알아? 잘 모른다고? 그럼 지금부터 잘 들어 봐.

세종은 어릴 때부터 영특한 데다 임금이 될 만한 덕을 갖추고 있었어. 그래서 큰형인 양녕대군은 자신이 임금이 되는 것보다는 동생이 되는 게 낫겠다고 생각했지.

양녕대군은 거짓으로 미친 척해 아버지 태종의 눈밖에 났지만, 문제는 둘째 형인 효령대군이었어.

'아! 형님이 저리 되었으니 어쩔 수 없이 다음 임금은 내가 맡을 수밖에 없겠구나. 내 비록 부족함은 많지만 이제부터라도 열심히 몸과 마음을 닦아 임금 자리에 오를 준비를 해야지.'

이런 동생을 보고 있는 양녕대군은 속이 탈 수밖에 없었어. 이거야 원, 떡 줄 사람은 생각도 않고 있는데 김칫국부터 마시는 꼴이 아니고 무엇이겠어?

이제나 저제나 효령이 속을 차리기만 기다리고 있던 양녕은 참다못해 하루는 작정을 하고 효령을 찾아갔어.

"형님이 저를 다 찾으시고, 어쩐 일입니까? 부르시면 제가 득

달같이 찾아가 뵈올 텐데……."

"그래, 지금 뭘 하고 있는가?"

"마음을 닦기 위해 사서삼경을 읽고 있습니다만……."

"왜, 임금 자리에라도 앉고 싶은 겐가?"

"아니, 그 무슨 말씀을……?"

"이보게, 효령. 아우도 내가 진정 미친 사람으로 보이는가? 천만에! 난 멀쩡하다네. 내가 미친 척한 건 다 임금 자리를 피하기 위해서일세."

"하오면……?"

"답답하구먼! 바로 충녕(세종)에게 양보하기 위해서지. 아마 아바마마께서도 나의 뜻을 짐작하고 계실 것이네. 아우도 알다시피 충녕이 얼마나 똑똑하고 덕이 많은가. 나라를 위해서라도 우리가 물러나야 할 것이야."

양녕의 말을 듣고 효령은 그만 눈앞이 아득해져 오는 것을 느꼈어. 남들은 피자 줄 생각도 않고 있는데 덥석 콜라부터 주문한 꼴이 되었으니, 참으로 자신이 부끄럽고 한탄스러웠겠지.

법고
절에서 예불할 때나 의식을 거행할 때 치는 북.

효령은 그 길로 궁을 박차고 나가 깊은 산 속의 절로 들어가 버렸어. 절로 들어간 효령은 마음을 다스리고자 며칠 동안이나 일체 음식도 먹지 않고 법고만 두드렸어.

하도 법고를 두드려대어 북의 가죽이 늘어날 정도로 말이야. 원없이 북을 치고 난 효령은 비로소 마음이 좀 안정되었어.

그리고 임금에 대한 미련을 버리고, 정자나 하나 지어 그 곳에서 세월을 보내기로 마음을 굳혔지. 그래서 한강변에 뚝딱뚝딱 지은 것이 바로 '망원정'이라는 정자야.

이 정자는 지금도 서울의 한강 하류인 양화대교와 성산대교 중간쯤에 남아 있어. 강변북로를 따라 난지도를 향하다 보면 오른쪽에 망원정이 나타나는데, 이 동네 이름도 망원동이야.

효령은 절과 망원정을 오가면서 가슴에 맺힌 한을 풀었다고 해. 하지만 말이 쉽지, 효령이 그 충격에서 어디 그리 쉽게 벗어날 수 있었겠어?

효령이 망원정 기둥에 몸을 기댄 채 넋을 잃고 강물을 바라보

망원정
세종 6년(1424)에 세종의 형인 효령대군의 별장으로 지어진 건물이다.

고 있는 모습이 자주 눈에 띄었다고 해. 그 모습이 너무나 처량하여 아버지 태종도 자주 이 곳에 찾아와 효령을 위로했다고 하지.

효령의 한이 맺힌 망원정. 망원정이 위치한 곳은 강 하류이다 보니 강폭이 넓고, 앞에서 소개한 양화나루만큼이나 경치가 좋아서 이 곳에서 외국 사신을 접대한 일 또한 많았다고 해.

선교사의 처형에 분노한 프랑스의 침입

그런데 이 망원정에서 웃지 못할 사건이 하나 있었으니…….

때는 고종 3년(1866), 그러니까 고종의 나이가 어려 아버지 대원군이 거의 임금이나 다름없던 시절의 일이야.

대원군 하면 뭐가 떠오르니? 맞아, 바로 쇄국 정책이지.

대원군은 중국 이외의 모든 나라를 오랑캐라 여기고 정식 외교는 물론 외국인, 특히 서양인들이 조선 땅에 발붙이는 것조차 싫어한 사람이었어.

아편 전쟁 청나라와 영국이 벌인 전쟁으로 1차(1839~1842), 2차(1856~1860) 두 차례의 전쟁을 치렀다.

그 이유는 서양인들에게 나라 문을 열어 주었다가 아편 전쟁*을 겪음으로써 곤경에 처해 있는 청나라의 사정을 익히 알고 있었기 때문이야.

그러나 더 큰 이유는 따로 있었어. 대원군은 유난히 천주교가 이 땅에 뿌리내리는 것을 싫어했어. 천주교의 전파를 싫어했을 뿐만 아니라 두려워하기까지 했던 대원군은 결국 천주교를 박해하기에 이르렀지. 9명의 프랑스 신부를 비롯해 수천 명의 신자들을 잡아 처형하기 시작했어(1866, 병인박해).

복원된 문수산성 김포 쪽에 위치하여 강화 갑곶진과 함께 강화도 입구를 지키던 성이다.

자기네 나라의 신부들이 죽음을 당하자 프랑스 정부는 가만히 있지 않았어. 천주교 박해를 빌미로 조선 땅을 침범한 거야.

신식 무기로 무장한 프랑스군은 일단 양화나루까지 와서 정찰을 한 다음, 의외로 조선의 방비가 허술함을 알고 바로 강화도에 침입했어.

아무런 대책도 없었던 강화도 땅은 프랑스군에 의해 삽시간에 쑥대밭이 되었고, 이에 놀란 서울의 백성들이 모두 피난을 떠나는 바람에 도성 안이 텅 빌 정도였어.

강화도 정족산성 단군의 세 아들이 쌓았다는 전설로 인해 '삼랑성'이라고도 불린다.

간단하게 강화도를 점령한 프랑스군은 그 기세를 몰아 서울을 향해 한강을 거슬러 올라갔어. 그러나 강화도 입구 김포의 문수산성을 지키던 한성근의 부대에 크게 패하였으며, 강화도에 남아 있던 프랑스군 역시 정족산성에서 양헌수 부대에게 일격을 맞음으로써 프랑스군은 물러나게 되었지.

이 사건을 '병인양요(1866)'라고 하는데, 비록 프랑스군이 물러나긴 했지만 조선의 피해는 엄청났어. 대원군으로서도 정말 아찔했던 사건이었지.

'휴우, 대국(청나라)이 당했다고 하더니, 정말 코 큰 오랑캐들이 무섭긴 무섭군. 이거 빨리 무슨 대책을 세워야겠는걸.'

이렇게 생각한 대원군은 서양 오랑캐들의 침략에 대비하기 위하여 여러 가지 대비책을 마련하기 시작했어.

우선 지방을 떠돌면서 춤과 재주로 밥을 얻어먹고 지내던 사당패들을 모아 '신후군'이라는 부대를 만들었고, 소를 잡거나 버드나무로 소쿠리를 만들어 입에 풀칠하고 지내던 백정들을 모아 '별초군'이라는 군대를 만들었어. 또 일본에서 신식 무기인 조총을 사들여 와서 군인들을 훈련시키기도 했어.

몇 차례 외국 군대의 침략을 경험한 대원군은 이것으로도 모자랐는지 결국에는 다음과 같은 방을 온 나라에 써 붙이도록 명령을 내렸어.

　상금까지 준다고? 그렇잖아도 서양 오랑캐의 침략이 두려웠는데 상금까지 준다니, 이것이야말로 채택만 된다면 꿩 먹고 알 먹는 격이 아니겠어?

　방이 붙은 다음 날부터 각 지방의 동헌(지방 관아의 책임자가 일을 보던 집)에는 실로 기기묘묘한 아이디어가 적힌 두루마리가 산더미처럼 쌓이기 시작했어. 이 두루마리들은 또 속속 서울의 조정으로 보내졌지.

이렇게 수많은 아이디어 중에서 몇 가지가 채택되었는데, 이 중에 망원정과 관계있는 아이디어가 포함되어 있었어. 누가 보낸 것인지 확인할 수는 없지만, 이 아이디어는 참으로 황당한 것이어서 초등학생이 들어도 배를 잡고 웃을 내용이었지.

"학의 깃털을 모아 겹겹으로 뭉쳐 군함을 만듭시다. 이 깃털 군함은 우선 가벼워서 물에 잘 뜨고, 빨리 달릴 수도 있을 겁니다. 게다가 총이나 포탄에 맞아 구멍이 뚫려도 깃털로 만든 것이어서 금방 아물어 물에 가라앉지 않을 겁니다. 제 아이디어, 어때요?"

대강 이런 제안이었다고 해.
"굿 아이디어!"
지금 같으면 초등학생이라도 믿지 않을 이 아이디어가 채택되어 곧바로 실행에 옮겨졌으니, 당시 대원군의 눈에 뭔가가 씌었던 걸까? 아니면 물에 빠진 사람이 지푸라기라도 잡는 심정이었을까?
대원군은 즉시 전국의 포수들에게 명령을 내렸어.
"전국의 포수들은 이 명령을 듣는 즉시 학을 잡아 깃털을 보내라!"

이 명령을 받은 포수들은 학이란 학은 눈에 보이는 대로 잡아 깃털을 모아 서울로 보냈어. 당시에 환경보호단체나 동물보호단체가 있었더라면 엄청난 비난이 쏟아졌겠지만, 불행하게도 그땐 그런 단체가 없었어.

대원군은 전국에서 올라온 학의 깃털들을 일일이 꿰매고 아교로 붙이게 했고, 드디어 어느 정도 형태를 갖춘 배를 손에 넣을 수 있었어. 신이 난 대원군은 이 배에 '나는 배'라는 뜻인 '비선'이란 이름까지 붙여 주었어.

비선은 망원정 근처로 옮겨졌고, 대원군을 비롯한 조정 대신들은 망원정에 자리잡고 앉아 배를 띄우는 모습을 지켜보고 있었어. 비선의 진수식이 거행되던 날이었지.

수군 몇 명인가를 태우고 물에 띄운 비선. 아니나 다를까, 물에 띄우기가 무섭게 슬슬 가라앉기 시작하더니 급기야는 수군들이 배에서 나와 물 속에서 허우적대는 것이 아닌가!

순간 대원군의 낯빛은 흙빛이 되었고, 평소 대원군을 고깝게 여기던 사람들은 그저 고개를 돌린 채 쓴웃음만 짓고 있었대.

이 황당한 아이디어를 누가 제공했는지, 또 이 아이디어 제공자가 상금을 받았는지, 아니면 무서운 벌을 받았는지에 대한 기록은 전혀 없어. 혹, 흐르는 한강 물을 바라보면서 자리를 지켜 온 망원정만은 그 사연을 알고 있지 않을까?

알쏭달쏭 역사 확대경

병인양요

1866년 조선이 프랑스 선교사 12명 중 9명을 비롯하여 남종삼 등 한국인 천주교 신자 수천 명을 학살하자(병인박해), 조선을 탈출한 리델 신부는 청나라에 주둔한 로즈 제독에게 이를 알렸습니다.

9월 18일 리델 신부와 한국인 신도 3명의 안내로 로즈 제독의 프랑스 군함 3척은 양화진을 통과하여 서강에까지 이르렀다가 되돌아갔습니다. 이어 10월에는 함대 7척과 600명의 해병대를 이끌고 재차 침입하여 갑곶진 진해문 부근의 고지를 점령한 후 강화성을 점령하였습니다. 그러나 김포 문수산성

❶ 로즈 제독의 작전 회의
❷ 갑곶 돈대 김포의 문수산성과 함께 강화 해협을 지키는 데 큰 역할을 하였다.

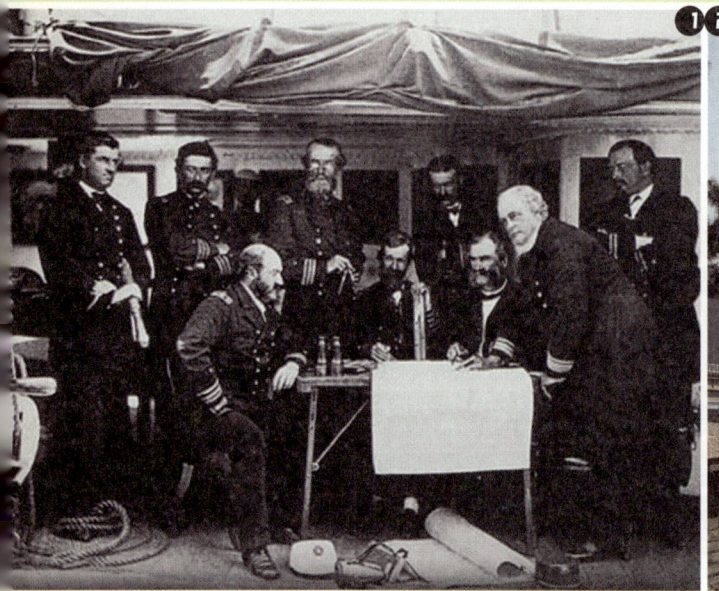

과 강화도 정족산성에서 연이어 패하자 사기가 크게 떨어져 결국 철수하였습니다. 프랑스군은 퇴각하면서 대량의 서적, 무기, 보물 등을 약탈하였습니다.

❸ 강화산성 남문
❹ 양헌수(1816~1888) 승전비각과 승전비 로즈 제독이 보낸 해군 대령 올리비에 부대와의 전투에서 승리하고 다수의 무기를 노획하는 전과를 세워 프랑스군이 패퇴하는 데 결정적인 역할을 하였다.

제 3 장
금덩이를 강물에 던져버린 형제
- 양천 고을

아푸푸~! 금덩이가 도대체 어디에 있는 거야?

왈!

살았다!

길에서 주운 두 개의 금덩이

고려시대 한강 하류 양천 고을에 의좋은 형제가 살고 있었어. 사이가 얼마나 좋았냐 하면, 콩 한 개가 생겨도 그것을 반으로 쪼개어 나누어 먹을 정도였다고 해.

대체로 옛날이야기의 시작이 그러하듯이 이 형제 또한 무척 가난했어. 가난했지만 형제는 제 것이 아니면 눈길조차 주지 않았다고 해. 또 비록 제 이름으로 된 밭 한 뙈기 없고, 삯일로 겨우 입에 풀칠이나 하고 살면서도 글공부는 게을리하지 않았어.

그러던 어느 날이었어. 구름 한 점 없이 맑은 하늘에 햇볕이 쨍쨍 내리쬐는 여름 한낮은 그냥 서 있기에도 힘들 정도로 더웠지.

남의 부탁을 받고 지게에 물건을 실어 나르던 형제는 어깻죽지를 내리누르는 짐의 무게와 참기 힘든 더위, 배고픔을 견디며 겨우 한발 한발 나루를 향해 나아가고 있었어. 햇볕에 달구어진 강변의 자갈은 마치 불에라도 달군 듯이 뜨거웠지만, 그나마 강바람이 불어 견딜만했어.

그래도 그 날은 운이 꽤 좋은 날이었어. 강 건넛마을 현감네 물건을 나르는 일을 맡았기 때문이야.

"형님, 삯이 제법 두둑하겠지요?"

"아마 그럴 거야. 그 현감님은 인심이 후덕하기로 유명하니까."

이런 희망이 지친 형제에겐 위로가 되었어.

드디어 나루에 도착한 형제. 아우가 지게를 벗어던지고 강물에 발을 씻으려 할 때였어. 저만치서 무언가가 반짝거리는 것이 그의 눈에 들어왔어.

"저게 뭐지?"

아우는 지친 몸을 이끌고 그 곳으로 다가갔어.

"이, 이게 뭐야? 황금이잖아!"

그건 분명 황금이었어. 그것도 한 개가 아닌 두 개씩이나! 하늘이 이들 형제를 안타깝게 여긴 것일까? 마치 하나씩 사이좋게 나누어 가지라는 듯이 두 개의 금덩이가 놓여 있었던 거야.

형제는 부둥켜안고 하늘을 향해 감사를 드렸어.

"천지신명이시여, 감사합니다!"

형제의 몸은 날아갈 듯이 가벼워졌어. 그러나 해야 할 일은 마저 끝내야 했지. 아무리 갑자기 부자가 되었다 해도 맡은 일은 처리해 주어야 하는 것이 사람의 도리 아니겠어?

형제는 나룻배에 짐을 싣고 신나게 노를 저었어.

"형님, 이젠 우리도 글공부에만 전념할 수 있겠지요?"

"그럼. 이게 모두 하늘의 도움이니, 더욱 성실하게 살아야겠지."

금덩이를 버리고 택한 형제의 우애

강을 건너고 있을 때였어. 신나게 노를 젓던 아우의 얼굴에 갑자기 어두운 그림자가 드리워지는 거야. 그러다가 무언가를 골똘히 생각하는 듯하더니 갑자기 품에 안고 있던 금덩이를 강물 속에 던져 버리는 게 아니겠어?

금덩이는 곧 강물 속으로 가라앉아 버렸고, 이 모습을 본 형은 깜짝 놀라 물었어.

"아니, 아우! 도대체 무슨 일이야? 지금 강물에 던진 것은 금덩이라고! 알기나 해?"

그러자 아우는 담담하게 대답했어.

"물론 금덩이인 줄 압니다, 형님."

"지금 제정신으로 하는 말이야?"

"물론입니다. 금덩이를 손에 넣은 지 얼마 되지 않아 전 태어나서 처음으로 '형님이 없었더라면…' 하는 나쁜 생각을 떠올렸습니다. '형님이 없었다면 금덩이를 모두 제가 가질 수 있었을 텐데…' 하는 간사한 마음 말입니다."

"……!"

"이 금덩이를 계속 가지고 있다가는 또 그런 생각을 하게 될 것 같아서 물 속에 던져 버린 것입니다. 아무리 금이 귀하다 한들 형제간의 우애보다 낫겠습니까?"

아우의 말을 잠자코 듣고 있던 형 역시 고개를 끄덕이더니 품고 있던 금덩이를 강물에 던져 버렸어.

"내가 아우보다 못하구먼. 아무래도 이 금덩이의 임자는 따로 있는 것 같군. 우리 사이가 나빠진다면 이런 금덩이 백 개가 있은들 무슨 소용이겠는가?"

이야기책에 가끔 소개되는 이 이야기는 실제 있었던 일이야.

두 형제의 이름은 이조년, 이억년으로, 둘 다 고려 말의 이름난 시인이었어.

　형인 이조년은 고려 충혜왕 때 대제학을 지낸 사람이야. 그가 쓴 유명한 시조 한 수 소개할까?

이화에 월백하고 은한이 삼경인 제
일지 춘심을 자귀야 알랴마는
다정도 병인 양하여 잠 못 들어 하노라

이 시조의 뜻을 풀이하면 다음과 같아.

배꽃이 달빛에 비쳐서 한결 희고 한밤중의 하늘에는 은하수가 흐른다
나뭇가지에 어린 봄뜻을 두견이가 알겠냐마는
이런 저런 생각으로 잠이 오지 않는구나

　이들 형제가 금덩이를 던져 버린 곳은 지금의 양천구 가양동, 올림픽대로가 지나는 근처였다고 해. 김포공항이 가까운 한강 하류 지역인데, 금덩이를 던진 곳의 이름은 '투금탄'이라고 해.
　이 투금탄이 있는 가양동 일대를 옛날엔 양천 고을이라 했는

데, 이 지역에 살던 사람들은 대체로 가난했다고들 하지.

그도 그럴 것이 지금과는 달리 이 지역은 한강에 그대로 노출되어 있었기 때문에 홍수가 나면 그 동안 애써 지어 놓은 농산물이 하루아침에 물에 휩쓸려가곤 했어.

그래서 양천 고을에는 토박이들이 많지 않았어. 떠돌아다니던 사람들이 이 곳을 지나다가 임자 없는 기름진 땅이 많다고 하여 자리잡고 농사를 짓다가 결국 홍수로 망치고 떠나곤 한 탓이지.

하지만 이상하게도 이 양천 고을에 부임한 원님들은 이 곳을 떠나기를 꺼렸다고 해. 거기엔 바로 이런 이유가 있었어.

양천 고을에 홍수가 잦다는 것을 잘 알고 있던 조정에서는 적어도 이 고을에서만큼은 세금이나 진상품 따위를 거의 거두지 않았기 때문이야.

실제로 옛날 고을 원님들은 고을을 다스리는 것보다 세금과 진상품을 마련하는 일에 더 골머리를 앓았다고 해. 그러니 그런 일에 신경을 쓰지 않아도 되는 양천 고을 원님 자리가 얼마나 좋았겠어? 게다가 가난한 마을 다스리느라 고생한다며 봉급 외에 보너스까지 주었다니, 원님들이 이 고을을 쉽게 떠나려 했겠느냐 이 말이야.

그래서 겉은 비록 누추하지만 알부자인 사람을 두고 '저 양반, 양천 현감인가?' 하는 속담까지 생겼다고 해.

조선의 명의, 허준이 태어난 곳

양천 고을 하면 생각나는 사람이 있지.

의성, 즉 의학계의 성인이라 불리는 분, 400여 년이 지난 지금까지도 한의학계에서 바이블처럼 여기고 있는 《동의보감》을 쓴 분, 중인의 신분으로 종1품의 벼슬까지 오른 분!

이 정도만 소개해도 누구인지 짐작할 수 있겠지? 그래, 바로 허준이 이 곳에서 살고 있었어.

드라마에서는 허준이 경남 산청에서 태어나 그 곳에서 의술을

❶ **의성 허준(?~1615)** ❷ **동의보감** 허준이 광해군 5년(1613)에 간행한 의학서적. 총 25권 25책으로, 금속활자로 발행하였다. 이 책은 중국과 일본에도 소개되었고, 현재까지 우리나라 최고의 한방의서로 인정받고 있다.

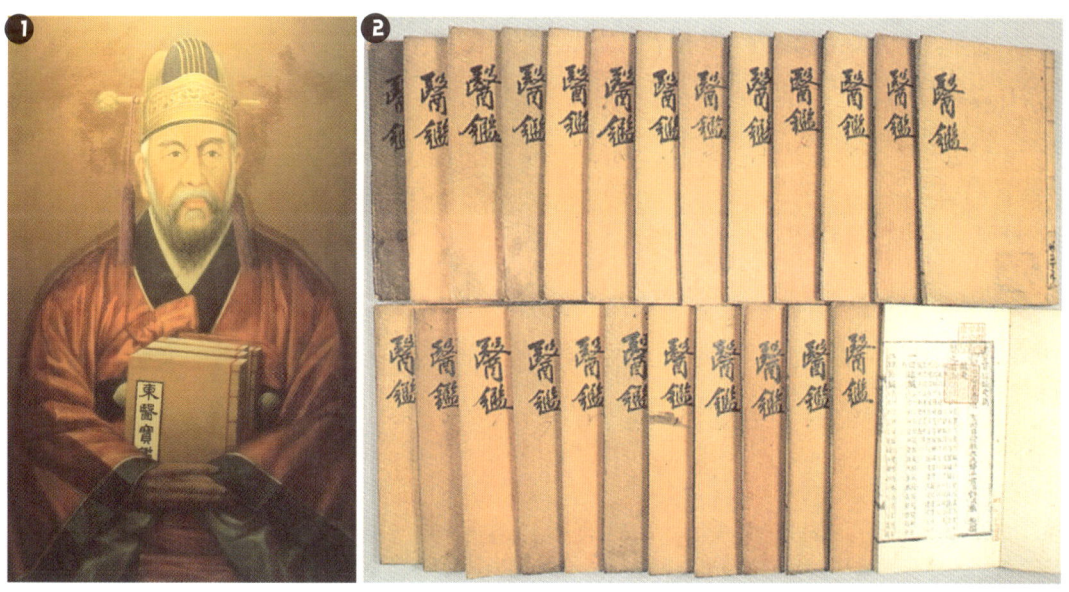

익혔다고 하지만, 그건 어디까지나 추측일 뿐이지 사실이 아닐 가능성이 많아. 무엇보다 허준이 산청에서 태어났다는 기록이 없기 때문이야.

또 유의태라는 사람에게 의술을 배운 것으로 나오는데, 역사책을 보면 허준과 유의태는 같은 시대에 살지 않았기 때문에 그 또한 사실이 아니야.

그러나 확실한 것은 허준이 양천 허씨 집안의 서자로 태어난 중인 신분이었고, 양천 고을에서 살았다는 사실이지.

고려 태조 왕건은 고려 건국에 많은 공을 세운 허선문이라는 사람에게 양천 땅을 다스리게 했고, 허선문은 양천 허씨의 시조가 되었다고 해.

역시 양천 허씨인 허준의 증조할아버지는 영월 군수를 지냈고, 할아버지는 경상우수사, 아버지는 용천 부사를 지냈을 정도로 허준은 뼈대있는 양반 집안에서 태어났어.

그렇지만 서자 출신인 허준은 중인 신분이어서 의학에 몰두할

수밖에 없었을 거야.

당시 중인이 벼슬길에 오를 수 있는 방법은 고작해야 몇 가지 뿐이었는데, 그 중 대표적인 것이 의원이나 역관이었어. 만약 허준이 서자가 아니었다면 《동의보감》 같은 훌륭한 의학책을 쓸 수 없었을지도 몰라.

어쨌든 양천 허씨인 허준이 살던 집 역시 가양동 궁산이라는

허준 박물관
서울시 강서구 가양동.

조그만 산 아래 자리잡고 있는 양천 향교 근처에 있었어.
양천 향교는 원래 양천 현감(원님)이 일을 보던 동헌이었는데,
최근에 향교로 복원한 거야.

양천 향교 전국 234개 향교 중 서울에 있는 유일한 향교이다.

궁산은 올림픽대로를 따라 김포공항을 향해 자동차로 달리다 보면 왼쪽에 나타나는데, 산 모양이 활(궁)을 닮았다 하여 붙여진 이름이라고 해.

그리고 궁산 바로 앞 한강 물이 흐르는 곳에 앞서 이야기한, 금덩이를 버린 투금탄이 자리잡고 있지.

20여 년 전만 하더라도 가을이면 누렇게 익은 벼들로 황금 들판을 이루던 옛 양천 고을 가양동.

지금은 아파트가 숲을 이루고 있는 신도시 지역인 이 곳에 전설 같은 이야기와 함께 아직도 허준 선생의 자취가 남아 있다는 사실을 알고 있는 사람이 몇이나 될까?

당파 싸움에 희생된 광해군

광해군이 강홍립에게 거짓 항복을 하게 하여 후금(청나라)의 보복을 피했다는 얘기는 앞에서 했지?

광해군은 이후에도 계속해서 후금에 대해 우호적인 태도를 보였어. 그러면서 한편으로는 나라의 힘을 키우는 일을 게을리하지 않았지.

광해군의 판단은 옳았어. 후금의 힘은 점점 더 커져서 중국을 통일하려고 했고, 명나라의 운명은 바람 앞의 등불처럼 위태로운 지경에 놓이게 된 거야.

그렇게 나라와 백성을 위해 몸을 아끼지 않던 광해군이 임금 자리에서 쫓겨난 건 당파 싸움 때문이야. 서인이라 불리던 파벌이 광해군을 몰아내고, 광해군의 배다른 동생의 아들인 인조를 임금으로 내세웠어. 이 사건을 '인조반정(1623)'이라고 해.

입에서 입으로 전해오는 이야기에 의하면, 이괄 일파가 홍제천 상류인 세검정에서 칼을 씻으면서 인조반정을 모의했다고 해.

그러나 그것은 사실이 아닌 것 같아. 무엇보다 이 사실을 입증할 만한 역사적 자료가 없고, 오히려 서대문 밖에 있었던 홍제원이란 곳에서 인조반정을 모의했다는 기록이 있기 때문이야.

세검정
광해군 15년(1623) 인조반정 때 이 곳에서 광해군의 폐위를 의논하고 칼을 갈아 날을 세웠다고 한 데서 '세검'이라는 이름이 유래되었다고 한다.

아무튼 이괄 일파는 광해군을 밀어내고 인조를 임금으로 세우는 데 큰 공을 세웠어.

"으흠, 이제 나에게도 좋은 일이 생기겠지. 내 공을 임금께서도 잊지 않으실 거야."

이괄은 잔뜩 기대에 부풀어 있었어.

"그러믄입쇼. 대감께서는 틀림없이 일등 공신으로 책봉될 겁니다요, 헤헤."

이괄의 부하가 간사한 웃음을 흘리면서 말했어.

이괄은 무신으로서 인조반정에서 행동대장 역할을 한 사람이야. 각종 궂은 일은 도맡아서 했다고 해도 과언이 아니지.

드디어 공신을 발표하는 날이 다가왔어. 그러나 기대와는 달리 자신이 고작 이등 공신에 책봉된 것을 안 이괄은 불같이 화를 냈어.

"이런 괘씸한 놈들 같으니라고! 책상머리에 앉아서 되지도 않는 말만 지껄이던 놈들은 모두 일등 공신이고, 나같이 손에 피를 묻혀 가며 온갖 고생을 한 무신들은 모두 이등 공신이라니! 이건 말도 안 돼!"

나라를 배신하고 반란을 일으킨 이괄

이괄은 즉시 반란을 일으켜 부하들을 이끌고 한양으로 달려갔어. 그러나 그의 반란은 오래 가지 못했어. 이괄은 곧 잡혀서 처형되었고, 남은 일당들은 후금으로 도망쳐 버렸어.

"폐하! 조선에서 장수로 있던 이괄의 부하들이옵니다."

이괄의 부하들은 후금의 왕을 만나 하소연했어.

"그대들이 어쩐 일인가?"

"다름이 아니오라, 지금 조선에서는 후금과 친한 광해군을 몰

아내고 명나라와 가까운 인조를 임금으로 내세웠습니다. 부디 조선을 쳐서 광해군의 원수를 갚아 주십시오!"

 너무나도 기가 막힌 일이 아닐 수 없었어. 반정에 적극 가담하여 광해군을 몰아낸 주제에 광해군의 복수를 해 달라니? 이괄의 부하들은 제 한 목숨 살리기 위해 나라를 배신한 거야.

 "그게 정말인가? 그렇다면 내가 그냥 보고만 있을 수 없지. 여

봐라! 당장 조선으로 출병 준비를 하라!"

실로 어처구니없는 일이었어. 이괄 일당의 이 한 마디가 조선의 앞날을 좌우할 것이라고는 당시로서는 어느 누구 하나 짐작조차 하지 못했지.

1627년, 후금은 광해군의 복수를 구실로 조선을 침공했어. 이를 '정묘호란'이라고 해.

후금은 정말 무서웠어. 이들은 순식간에 평안도 일대를 쑥대밭으로 만들어 놓았어. 조선 조정은 깜짝 놀라 후금에게 동생의 나라가 되겠으니 군대를 철수해 달라고 사정했어. 그제서야 후금은 조선 땅에 있던 군대를 철수시켰지.

후금이 군대를 철수하고 난 후 어느 날, 후금의 사신이 조선에 왔어.

"우리는 나라 이름을 청나라로 고치고 임금을 황제라 부르기로 했소. 이를 기념하여 큰 잔치가 있을 것이니, 꼭 축하 사절을 보내도록 하시오!"

청나라의 사신이 거들먹거리면서 인조에게 말했어. 사신이 보인 태도는 매우 무례한 것이었어. 사신이 돌아간 후, 조정은 청나라에 축하 사절을 보내는 문제로 시끌시끌했어.

"어쨌든 사절을 보내야 하지 않겠습니까? 그렇지 않으면 보복이……."

"아니, 대감! 지금 무슨 말을 하는 거요? 우리나라는 예로부터 동방예의지국이라 하지 않았소? 그런데 어찌 오랑캐의 잔치에 사절을 보낸단 말이오?"

"그렇지만……."

"닥치시오! 청나라 사신의 버릇없는 행동을 보고도 그런 말이 나오시오?"

수모를 겪으며 청에 항복하는 인조

이미 결론은 난 것이나 다름없었어. 국제 정세가 어떻게 돌아가는지도 모르는 한심한 사람들이 높은 자리에 앉아서 나랏일을 주물럭거리고 있을 때였거든.

나라 밖 사정을 이해하고 있던 사람들은 그저 꿀 먹은 벙어리처럼 가만히 있을 수밖에 없었던 거야.

청나라의 복수는 잔인하기 이를 데 없었어. 1636년 12월, 청 태종은 직접 군사를 이끌고 다시 쳐내려왔어. 이를 '병자호란'이라고 하는데, 정묘호란은 병자호란에 비하면 어린아이 장난에 불과했어. 이번에는 온 산천이 이들에 의해 불탔고, 백성들이 흘린 피가 내를 이룰 정도였지.

조선 조정은 백성들을 버려둔 채 도망치기에 바빴어. 왕자들과 비빈들은 강화도로 피난시켰으나 정작 인조는 때를 놓쳐 남한산성으로 들어갔고, 결국 청나라 군사들에 의해 포위되어 버렸어.

그뿐이 아니야. 강화도마저 청나라 군대에 함락되어 그 곳에 피난가 있던 왕자들과 비빈들이 모두 포로가 된 거야.

인조를 모시고 있던 최명길이 말했어.

남한산성 남문
1636년 병자호란이 일어나자, 강화도로 가려던 인조는 때를 놓치고 이 곳 남문을 통해 남한산성으로 들어갔다.

"전하! 청나라에 항복해야 합니다. 후일 조선을 다시 일으켜 세우려면 잠깐의 수모는 당할 수밖에 없습니다."

그러나 홍익한, 윤집, 오달제 같은 삼학사와 김상헌 같은 이는 끝까지 싸우자고 했어.

인조는 최명길의 의견에 따르기로 했어. 인조는 남한산성에서 나와 지금의 송파 삼전동까지 왔어. 그 곳에서 항복의 표시로 청 태종이 사는 곳을 향해 머리를 찧으면서 절을 올리는 수모를 당했어.

그런 후에야 청나라는 군사들을 조선에서 철수시켰어. 하지만 병자호란으로 목숨을 잃거나 청나라로 잡혀간 백성들에 대해서 조선은 아무 말도 하지 못했어.

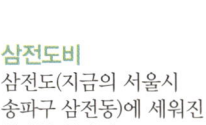

삼전도비
삼전도(지금의 서울시 송파구 삼전동)에 세워진 청태종 공덕비.

병자호란중에 청나라로 잡혀간 사람은 한둘이 아니었어. 먼저 포로가 되었던 소현세자와 봉림대군이 청나라에 볼모로 잡혀갔고, 홍익한 등의 삼학사가 잡혀가서 죽음을 당했어. 청나라와 끝까지 싸울 것을 주장했던 김상헌 역시 이런 시를 남긴 채 청나라로 끌려갔고…….

가노라 삼각산아 다시 보자 한강수야
고국산천을 떠나고자 하랴마는
시절이 하 수상하니 올 동 말 동하여라

인질로 잡혀가면서 조국의 산천을 못내 아쉬워한 그의 마음이 잘 담겨져 있는 시야.

그러나 이들이 당한 고초는 어쩌면 당연한 것이었는지 몰라. 국제 정세나 나라의 국방에는 관심이 없고, 그저 무리지어 다니며 당파 싸움이나 일삼고 있었으니까.

안타까운 것은 죄없는 백성들이야. 수많은 사람들이 죽거나 청나라에 잡혀가서 노예 생활을 한 것이 안타까울 뿐이야.

특히 여자의 몸으로 잡혀가서 갖은 수모를 다 당하고 돌아온 조선의 아녀자들을 생각하면 도저히 그들을 용서할 수 없을 것 같아.

흐르는 물에 서러운 사연을 씻어내고

청나라 군사들은 병자호란중에 이 땅의 수많은 아녀자들을 끌고가 제 욕심을 채우고는 다시 돌려보냈어.

이렇게 청나라에 잡혀갔다가 돌아온 여자들을 '환향녀'라고 불렀어. '돌아올 환(還)' '고향 향(鄕)' '계집 녀(女)'자를 합친 말로, '고향으로 돌아온 여자'란 뜻이야.

그러나 단지 그런 뜻으로만 불린 건 아니야. 사람들은 청나라

군사들에게 몸이 더럽혀진 여자들을 멸시하는 뜻으로 '환향녀'라고 불렀던 거야.

　참으로 안타까운 일이 아닐 수 없어. 청나라 군사들에게 잡혀 가서 온갖 고초를 다 겪고 돌아온 것도 억울한데, 위로는 못해 줄망정 오히려 몸이 더럽혀진 여자라고 손가락질을 해 대다니…….

　사람들이 이렇게 환향녀들을 꺼리자, 인조는 환향녀들을 절대로 구박하지 말라는 어명까지 내렸다고 해. 당시에는 홍제천을 모래내라고 불렀는데, 인조는 이런 명을 내렸다고 해.

　"환향녀들이 모래내에 몸을 씻으면 과거의 일은 모두 씻겨나간 것으로 간주하겠다."

홍제천

과연 모래내에서 목욕을 하면 과거의 일이 모두 다 씻겨나갈까? 그럴 수만 있다면 얼마나 좋았을까.

 환향녀들은 앞을 다투어 모래내로 가 몸을 씻었지만, 사람들은 결코 이들에게 마음을 열지 않았어.

 세검정 골짜기에서 시작하여 홍제동, 수색, 난지도를 지나 한강으로 흘러드는 홍제천. 옛날에는 맑은 물이 흐르고 깨끗한 모래가 쌓여 있었다는 이 하천은 지금도 그대로 있어.

 옛날과 다르다면 흐르는 물이 많이 오염되어 있다는 것과 깨끗한 모래가 없다는 것이지.

 모래내란 지명은 지금도 서울에 남아 있어. 홍제천 하류 쪽인 수색 부근을 아직도 모래내라고 부르는데, 이 곳엔 '모래내시장'이라는 유명한 재래시장이 있지.

 비록 오염된 물이 흐르는 하천이지만, 이 곳 홍제천에 환향녀들의 서러운 사연이 깃들어 있다는 사실을 아는 사람은 이제 거의 없단다.

서울의 주요 하천

인조반정

광해군은 우리 역사상 뛰어난 임금으로서 나라와 백성을 위해 많은 일을 한 임금입니다. 그러나 광해군에게도 큰 실수가 있었으니, 그것은 동생인 영창 대군을 죽인 일입니다.

선조의 총애를 받았던 영창대군이 자기를 몰아내고 임금이 되려 한다는 모

❶ **인조별서유기비** ❷ **비각** 인조반정비라고도 한다. 숙종 때 세운 것으로, 인조반정과 관련된 중요한 역사적 사실과 그 현장을 증명해 주는 사료이다. 서울시 은평구 역촌동.

함에 귀를 기울인 것이 화근이었습니다. 게다가 광해군은 계모인 인목대비마저 서궁에 가둠으로써 많은 신하들에게 폭군이라는 인상을 주었습니다.

이 기회를 놓치지 않고 그 동안 광해군이 신임하던 대북파에게 밀려나 있던 서인파인 이귀, 김자점, 김류, 이괄 등이 능양군(인조)을 내세워 광해군을 쫓아냈습니다. 이 사건을 인조반정(1623년)이라고 합니다.

인조반정으로 광해군은 강화도로 유배되었다가 제주도로 옮겨져 죽었으며, 대북파인 이어첨, 정인홍 등 200여 명이 귀양을 갔습니다.

❸ 광해군(재위 1608~1623) 묘 광해군과 부인 유씨의 무덤이다. 경기도 남양주시. 광해군은 제주도에 묻혔다가 지금의 묘소로 옮겨졌다.

❹ 영창대군(1606~1614) 묘 선조의 14명 아들 중 유일하게 정비의 소생으로, 이미 세자로 책봉된 광해군 대신 세자로 책봉될 가능성이 많았으나 선조의 갑작스런 죽음으로 실현되지 못했다. 광해군에 의해 평민으로 강등되어 강화도로 유배되었다가 강화부사에 의해 살해되었고, 1623년 인조반정 후 관작이 복구되었다. 경기도 안성시 일죽면.

조선의 주산이 될 뻔한 모악산

전에 양탕국 얘기를 해 줬는데, 기억하니? 그 때 나무꾼들이 넘던 고개가 바로 무악재였지? 무악재는 서울로 들어오는 고개여서 얽힌 얘기가 많단다. 이번에는 그 중 하나를 얘기해 줄게.

무악재는 길마재, 모래재, 무학재 등 사연만큼이나 별칭도 많

독립문

서대문형무소역사관

 은 고개야.

 무악재는 인왕산과 모악이라는 산 사이에 있어. 모악은 독립문 근처, 옛날의 서대문 형무소(지금은 서대문 독립 공원) 뒷산이야. '어머니 모(母)' 자와 '큰 산 악(岳)' 자가 합쳐진 말이지. 어머니 품처럼 큰 산이라는 뜻이지만, 사실 인왕산보다 크지 않은 산이야. 그러나 태조 이성계가 원래 이 모악을 주산으로 삼으려 했다는 기록이 있을 만큼 명산으로 유명해.

당시 이성계를 도와서 조선 건국에 공이 컸던 하륜이란 사람이 있었어. 개경에서 수도를 옮길 때 무학대사와 대립했던 사람이지.

하륜은 그 때 경기도 관찰사 자리에 있으면서 수도를 모악이

❶ **무학대사** 무학대사는 태조 이성계의 부름을 받고 그의 스승이 되어 조선 왕조의 도읍지를 물색하기도 하였다.
❷ **무학대사비** 회암사터에 세워져 있는 무학대사의 묘비. 경기도 양주시.

있는 지금의 신촌 일대로 옮기자고 주장했고, 반면에 무학대사는 충청도 계룡산을 주산으로 하여 수도를 그 곳으로 옮기자고 했어. 만약 계룡산이 아니라고 하면 북악산이 좋다고 했지.

"전하! 아시다시피 계룡산은 너무 남쪽에 치우쳐져 있기 때문에 북쪽의 국경 통제가 어려울 것입니다. 제가 연구한 바로는 한양 땅 모악 부근이 가장 적당한 곳으로 보입니다."

이성계가 하륜을 무시할 수는 없었어. 앞에서도 말했듯이 하륜은 정도전 등과 함께 조선 건국에 많은 공을 세웠을 뿐만 아니라, 이성계에 대한 충성심도 남달랐기 때문이지.

"대감이 그렇다면 다 생각이 있겠지요. 짐이 한번 모악을 답사하겠으니 준비를 해 주시오."

이성계는 날을 잡아 한양을 방문했어. 그러나 모악 부근에서 주변 지리를 살펴보았지만, 이성계의 마음에 쏙 들지 않았어.

"하 대감이 보기에는 적당한 땅일지 모르겠으나, 짐의 생각은 다르오. 우선 땅이 너무 좁고 풍수지리에도 맞지 않는 것 같소. 그러나 하 대감의 말대로 계룡산 역시 너무 남쪽에 있소. 짐 또한 한양이 마음에 드오."

이성계는 이미 풍수지리의 대가가 되어 있었어. 결국 이성계는 수도를 한양으로 정했는데, 주산은 모악이 아닌 북악산이었지.

열 명이 모여야 넘을 수 있던 고개

어쨌든 모악과 인왕산 사이에 나 있는 고갯길이 무악재야. 인왕산에 호랑이가 살았다는 이야기는 많이 들어 봤지?

100년 전만 해도 인왕산에는 호랑이가 많아서 무악재를 넘는 사람들이 조심조심 고개를 넘었다는 이야기가 전해져 오고 있어. 이 인왕산 호랑이들은 사람들이 여럿이 모여서 고개를 오르내리면 여지없이 나타나서 사람들을 잡아먹었다고 해.

무악재를 넘는 사람들은 고양의 나무꾼들만이 아니었어. 신의

주나 평양, 개성 등 지금의 이북 땅에 살던 사람들도 한양으로 들어오려면 무악재를 넘어야 했지. 그만큼 무악재를 넘는 사람들이 많았다는 이야기야.

이처럼 무악재에서 호랑이에게 해를 입는 사람이 속출하자, 나라에서는 관리들을 보내 행인들을 보호하라고 지시했어.

이들은 모두 화승총(심지에 불을 붙여 쏘는 총)을 메고 지금의 서대문 독립 공원 근처에 막사를 지어 놓고 행인들을 보호했다고 해. 이들이 지은 막사를 '유인막'이라 했는데, 유인막에 파견된 관리들은 고개를 넘으려는 사람들이 열 명이 될 때까지 기다렸다가 화승총을 들고 호위하여 고개를 넘게 했다고 해.

기록에 따르면 우리나라 산천에는 호랑이가 참 많았던 것 같아. 조선 말기인 개화기 때만 해도 한양 근처에 호랑이가 많이 나타났다고 하니, 지방엔 얼마나 많았을까?

그 때 군인이 하는 일 중 하나가 호랑이를 잡는 일이었다고 해. 여북하면 구한말 때의 군인 복무 규정에 이런 게 다 있었을까?

사람을 해친 호랑이를 잡은 사람이 장교면 승진을 시키고, 하사관이면 무명베 20필을 준다.

만약 군인이 아닌 일반인이 호랑이를 잡으면 부역을 면제해 준다.

호랑이보다 더 무서운 유인막 관리들

고작 지금으로부터 100여 년 전에 이런 일이 있었다는 게 믿어지니? 그러나 사실이야.

호랑이를 잡은 사람에게는 또다른 특혜도 주어졌지.

자기가 잡은 호랑이 가죽을 가질 수 있는 것이었어. 호랑이 가죽은 '호피'라 하여 지금도 귀하지만, 당시에는 쌀 10가마니 이상과도 쉽게 바꾸려 하지 않을 정도로 아주 귀하고 값진 거였어.

그래서일까? 무악재 유인막에 근무하려는 군인들이 날로 늘어났다고 해. 그러나 진짜 이유는 딴 데 있었어. 게다가 참 이상한 것은 무악재에 더 이상 호랑이가 나타나지 않는데도 유인막이 없어지지 않았다는 사실이야.

그 이유는 다름 아닌 관리들의 부패 때문이었어. 사람들이 고개를 넘으려면 유인막 관리들에게 돈을 주어야 했거든. 물론 나라에서 관리들에게 거두라고 한 세금은 아니었어.

호랑이가 자주 나타나던 때, 처음에는 행인들 중 누군가가 관리들에게 수고한다며 돈을 쥐어 주었겠지.

"아이고! 덕분에 무사히 고개를 넘었구려. 고맙소. 수고했으니 이 돈 받으시오."

관리들은 처음엔 의아해했겠지.

"돈이라뇨? 세금은 없어요."

"그게 아니라, 우리를 위해 수고했으니 막걸리라도 한잔 사 드리고 싶지만 그럴 수가 없으니 우리가 돈을 모아 드리는 거요."

"허어, 이것 참. 받아도 될는지……."

처음에는 이렇게 소박하고 순수한 마음으로 돈을 주고받았을 거야. 그러나 이렇게 돈을 주는 사람들이 많아지다 보니, 유인막 관리들은 차츰 돈 받는 일을 당연하게 여겼을 것이고, 나중엔 돈

을 주지 않으면 고개를 넘지 못하게까지 했던 거야.

그러니 원래 취지대로 운영되었다면, 호랑이가 사라짐과 동시에 유인막도 없어져야 마땅했겠지. 그러나 이미 돈맛을 알아 버린 관리들이 윗사람들에게는 계속 호랑이가 나타난다고 거짓 보고를 하고 유인막을 운영했다고 해.

무악재 유인막을 지키는 관리들의 부패는 날로 심해졌어. 호랑이를 막아 준다는 구실로 통행료를 받아 챙기는 관리들이 얼마나 지독하게 굴었으면, '호랑이보다 유인막 관리가 더 무섭다' 라는 말까지 나왔을까.

무악재는 통일로와 연결되어 있어. 1974년, 남북 분단 이후 처음으로 북한 관리들이 이 길을 통해 서울로 들어온 일이 있어.

하루라도 빨리 남북한 사람들이 자유롭게 왕래할 수 있는 그 날이 오기를 기원해.

그래서 옛날처럼 신의주와 평양, 개성에 사는 우리 민족들이 무악재를 통해 서로 오갈 수 있었으면 좋겠고……

독립문

미국 망명 생활에서 돌아온 서재필이 조직한 독립협회의 발의, 국왕의 동의, 많은 애국지사와 국민들의 호응을 받아 1897년 11월 20일에 완공하였습니다. 자주 독립의 결의를 다짐하려고 중국 사신을 영접하던, 사대외교의 상징인 영은문을 헐고 그 자리에 세웠습니다.

❶ **독립신문** 1896년, 독립협회의 서재필, 윤치호가 창간하였다. 순 한글 신문으로 영자판과 함께 발간하였으나, 1899년 폐간되었다.

❷ **서재필(1864~1951) 동상** 정치가, 독립운동가. 김옥균 등과 일으킨 갑신정변이 실패로 돌아가자 일본과 미국에서 망명 생활을 하였다. 후에 귀국하여 독립협회를 조직하고 우리나라 최초의 민간 신문인 '독립신문'을 발간하였다.

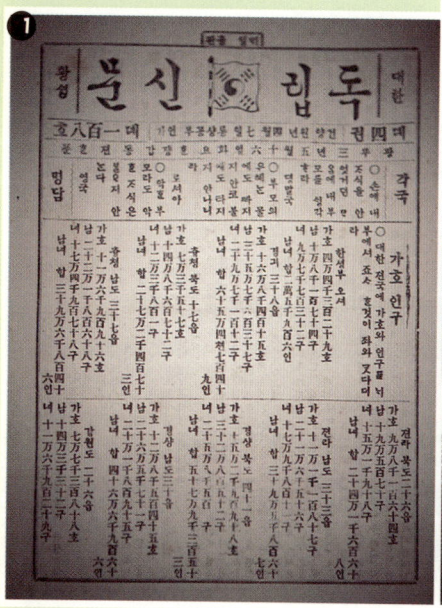

1979년 성산대로 공사로 인해 원위치에서 서북쪽으로 70m 떨어진 지점으로 옮겨 오늘에 이르고 있습니다.

❶ **영은문** 중국 명나라 사신을 맞이하던 모화관 앞에 세웠던 문. 조선에 새 임금이 즉위하여 중국 사신이 조칙을 가지고 오면 임금이 친히 모화관까지 나오는 것이 상례였다. 이 문을 헐고 그 자리에 독립문을 세웠다.
❷ **독립문 앞의 영은문 기둥돌**
❸ **옛날의 독립문과 독립관** 독립문 앞의 한옥이 모화관이다. 사대사상의 상징불이라 하여 독립관으로 고쳐 불렀다.
❹ **현재의 독립관**

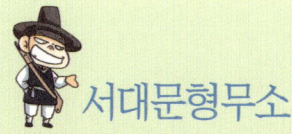
서대문형무소

1908년 10월 21일, 한국 최초의 근대식 감옥인 경성감옥으로 준공되었습니다. 광복 이후 경성형무소, 서울형무소, 서울교도소로 개칭되었고, 1967년부터 1987년 의왕시로 이전할 때까지 서울구치소로 불렸습니다.

일제 강점기 유관순, 강우규 등 수많은 애국지사가 수감되었던 민족 수난의 현장입니다. 이 곳에는 유관순굴, 특수고문실 등이 있는 감방과 많은 애국지사가 처형된 사형장 등이 있습니다. 1987년 3월부터 서울시는 이 곳을 민족의 수난과 독립 운동의 산교육장으로 활용하기 위해 서대문 독립 공원으로 조성하였습니다.

❶ 서대문형무소 역사전시관
❷ 서대문형무소 12옥사 내부 모습
❸❹ 서대문형무소 사형장과 사형장 입구
❺ 서대문형무소 추모비
❻ 서대문형무소의 높은 담장과 망루
❼❽ 서대문형무소의 시구문(시체를 내가는 문) 입구와 비밀 통로

삼국지의 명장, 관우

한 번이라도 삼국지를 읽어 보지 않은 사람은 없을 거야. 설령 읽지는 않았다 하더라도 촉나라의 유명한 장수인 관우(관운장)를 모르는 사람은 아마 없을 거야.

적토마 위에 올라앉아 긴 수염을 휘날리며 청룡언월도를 휘두르면 떨지 않은 사람이 없을 정도로 용맹스런 장수였지.

관우는 용맹했을 뿐만 아니라 의리와 명분도 매우 중요하게 여긴 사람이었어. 적이었던 위나라의 조조가 관우를 자기 사람으로 만들기 위해 온갖 방법으로 회유를 했지만 유비와의 의리를 내세워 끝까지 거절했고, 끝내는 손권에게 목숨을 잃은 사람이 관우이지.

한때 중국 평원을 누비며 천하를 호령하던 관우가 죽는 장면은 삼국지를 읽는 독자들의 눈시울을 뜨겁게 하고도 남을 정도야.

한많은 죽음을 당한 장수를 신으로 모시는 습성이 있다는 말은 남이 장군 이야기에서도 잠깐 했지?

관우 또한 마찬가지야. 중국 곳곳에는 관우를 모셔 놓고 소원을 비는 사당들이 많아. 관우 사당에서 소원을 빌면 모든 일이 순조롭게 풀린다는 말에 따라 세운 것이지.

그런데 그런 관우 사당이 우리나라에도 있다는 사실을 아니? 그것도 아주 큰 규모로 서울의 중심가인 동대문 근처에 말이야. '동관묘', 줄여서 '동묘'라고 부르는 곳이 바로 관우 사당이야.

동대문에서 신설동 쪽으로 버스로 한 정류장쯤 가다 보면 대로변에 기와로 지은 돌담이 나타나는데, 그 돌담 위를 올려다보면 큰 기와집이 보여.

동묘 관우에게 제사 지내는 묘로, 원래 명칭은 동관왕묘이다.
임진왜란 때 관우의 혼이 때때로 나타나 조선과 명군을 도왔다 하여 선조 때 명나라 신종 황제의 명에 따라 건립하였다.

팻말에는 '동묘 공원'이라고 적혀 있지만, 들어가 보지 않으면 그 곳이 무엇을 하는 곳인지 알 수가 없어. 게다가 입구마저 반대쪽에 있기 때문에 잘 살피지 않으면 그 큰 집이 눈에 들어오지도 않지.

이 관우 사당이 언제, 어떤 이유로 지어졌는지 궁금하지 않니?

동묘 공원 서울시 종로구 숭인동.

우리 조상인 남이 장군 사당에 비하면 호화롭기까지 한 관우 사당이 서울 한복판에 자리잡은 이유는 뭘까?

전쟁에서 무사하기를 기원하는 병사들

임진왜란 때였어. 왜군들이 조선 땅에 물밀듯이 쳐들어오자 조선 조정에서는 형님 나라로 모시고 있던 명나라에 원병을 요청했어.

명나라는 이여송에게 5만 군사를 주어 조선을 돕게 했지. 명나

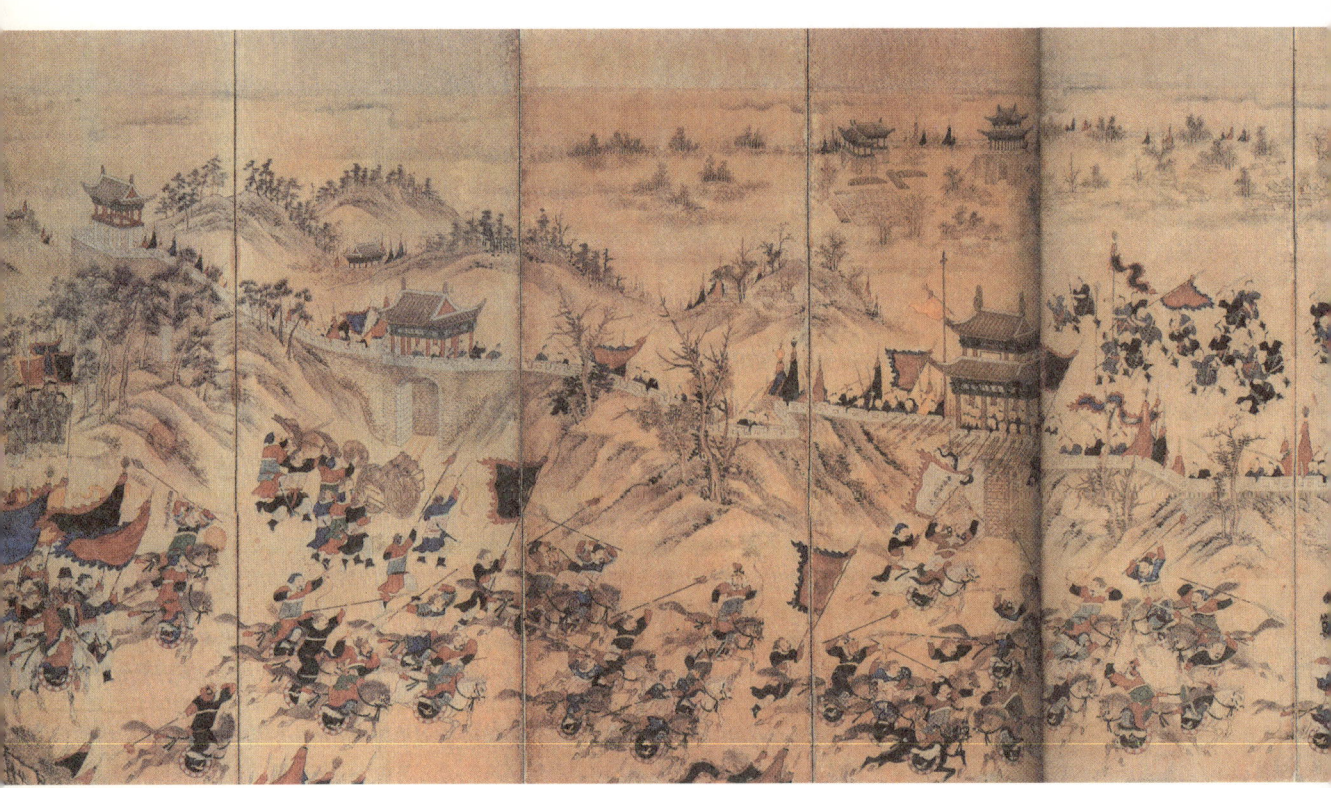

라 군사들은 곧 평양성을 탈환하는 공을 세웠고, 서울로 내려오면서 왜군들과 몇 번의 전쟁을 더 치렀어.

왜군을 물리치기는 했지만 명나라 군사들도 많이 죽거나 다쳤지. 그 때 다친 명나라 장수 중에 '지인'이라는 사람이 있었는데, 한양의 동대문 밖에 있던 야전 병원에 입원하게 되었어. 지금 동묘가 있는 곳이 바로 그 병원 터였지.

어느 날, 지인은 야전 병원을 어슬렁거리다가 함께 다친 병사

❶ **평양성 탈환도**
❷ **동래부순절도**
임진왜란 당시 송상현 동래부사가 왜적에 맞서 결사항전하는 모습을 그린 전쟁 기록화.

중 하나가 무언가를 중얼거리면서 기도하는 모습을 보게 되었어.

"자네, 지금 뭘 하고 있는 건가?"

"예, 관우 장군에게 전쟁터에서 무사하게 해 달라고 기도를 올리는 중이었습니다."

"음, 그런가? 그러고 보니 조선에는 관우 사당이 하나도 안 보이는구나."

지인은 혼잣말로 중얼거렸어.

당시 명나라에서는 백성들뿐만 아니라 병사들까지 관우에게 소원을 비는 경우가 많았어.

특히 전쟁터로 떠나는 병사들은 어김없이 관우 사당에 들러 기도를 올리곤 했지. 관우의 영혼이 자신들을 지켜 줄 거라 믿었기 때문이야.

그 날 이후 지인은 병상에서 꼼짝도 하지 않고 나무에 뭔가를 새기고 있었어. 관우의 상이었지.

지인은 병상 한쪽에 관우상을 모셔 놓고 무사히 자기 나라로 돌아갈 수 있도록 도와 달라고 기도를 올렸어. 이 소문은 곧 조선에 와 있던 모든 명나라 군사들에게 퍼졌어. 이여송도 이 소문을 들었지.

"모든 명나라 진영에 관우 사당을 세우고 기도하게 하라! 그리

고 장수 지인이 만든 관우 사당의 규모를 크게 하라!"

 이여송의 명령에 따라 야전 병원 앞에는 곧 관우 사당을 짓기 위한 건축 재료가 쌓이기 시작했어. 조선 조정에서도 사당을 짓는 데 필요한 많은 물자를 보내 주었지. 원병을 보내 준 데 대한 고마움의 표시였어. 명나라 조정에서는 '만세덕'이라는 건축 전문가를 보내 주었어.

 임진왜란이 끝나고 나서야 관우 사당인 동묘가 완성되었어. 동묘가 완성되던 날, 선조는 친히 동묘까지 와서 축하 인사와 함께 나라를 위해 기도를 올렸어.

"앞으로 전쟁터에 나가는 병사들은 물론, 무과에 합격한 사람은 모두 이 동묘에 와서 참배하도록 하라!"

선조의 이 명령은 그대로 전달되어 구한말까지 계속되었다고 해.

이런 일 외에도 동묘에서는 관우의 넋을 기리는 제사를 지내곤 했어. 매년 봄과 가을 두 차례 제사를 올렸지.

동묘에 제사가 있는 날이면 임금도 가끔 참여하곤 했는데, 반드시 갑옷과 투구를 갖추었다고 해.

관우 사당
사당 중앙에 관우의 모습을 한 상이 앉아 있고, 그 앞에 향을 피우는 향로가 놓여 있다.

그리고 무신들 중에서 덕망이 높은 사람을 골라서 제사를 주관하는 제관을 맡겼다고 해.

동묘에 들어가면 큰 절의 대웅전만한 크기의 관우 사당이 눈앞에 나타나.

널찍한 사당 중앙에는 관우의 모습을 한 상이 앉아 있고, 그 앞에는 향을 피우는 큰 향로가 놓여 있어.

그리고 사당 좌우편에 위치한 회랑에는 관우가 쓰던 청룡언월도를 비롯하여 그가 타고 다니던 적토마 등의 모형들이 함께 전시되어 있어.

만약 관찰력이 뛰어난 사람이라면 동묘 한쪽 구석에 서 있는 작은 비석을 볼 수 있을 거야. 그 비문은 한자로 새겨져 있는데, 이런 내용이 담겨 있어.

송동 증주벽하에 북관묘를 세우다.

고종 때 세워진 비인데, 고종이 직접 와서 세웠다고 해. 그렇다면 어디엔가 관우 사당이 또 있다는 말이 아닌가?

관우 사당을 세웠다는 '송동 증주벽하'라는 곳은 과연 어디를 말하는 것일까?

고종이 친히 관우 사당을 짓다

송동 증주벽하는 서울의 명륜동, 관동 노비촌 바로 뒤쪽에 있었어. 그런데 중요한 것은 왜 고종이 친히 북묘를 세우라고 지시했느냐 하는 거야.

전쟁이 일어난 것도 아니고, 특별히 관우를 추모할 사건이 있었던 것도 아닌데 고종이 친히 세자를 데리고 동묘에 와서 북묘를 설치했다는 비석을 세운 이유가 뭘까?

이처럼 왕실이 직접 나서서 북묘 설치에 힘을 쏟은 데에는 다음과 같은 이유가 있었어.

고종이 임금이 되고 나서 처음에는 그의 아버지인 대원군이 나랏일을 도맡아서 처리했다는 건 잘 알고 있지? 그러나 오래지 않아 명성황후가 시아버지인 대원군을 몰아내고 정권을 잡았어.

대원군과 명성황후는 이제 시아버지와 며느리 사이가 아니라 원수 같은 사이가 되고 말았지. 임금인 고종은 허수아비 같은 존재였고.

대원군이 며느리에게 밀려나 운현궁에 머무르고 있을 때였어. 머물렀다기보다는 갇혀 있었다고 하는 편이 더 맞는 표현일지 몰라. 대원군은 운현궁 밖으로 한 발짝도 나갈 수 없었거든. 대문이 항상 굳게 잠겨져 있었기 때문이야.

　운현궁의 대문을 자세히 살펴보면 이상하게도 잠금 장치가 밖에 있다는 것을 알 수 있어.

운현궁 흥선대원군이 살았던 집으로, 고종이 태어나서 왕위에 오를 때까지 자란 곳이기도 하다.

대문은 보통 안에서 잠그게 되어 있는데, 유독 운현궁의 대문만 밖에서 잠그도록 되어 있었던 이유가 뭘까?

그것은 명성황후의 명을 받들어 대원군을 운현궁에 가둔 심복들이 한 짓이야. 운현궁 밖으로 대원군이 나올 수 없게 만든 조치였던 거지.

운현궁에 갇혀서 명성황후에 대한 복수의 칼만 갈고 있던 대원군에게 드디어 기회가 찾아왔어.

그 때 명성황후는 훗날 자신을 죽음으로 몰고간 일본과 친하게 지내고 있었어. 명성황후의 명령에 따라 조선에는 '별기군'

❶ **별기군의 훈련 모습** ❷ **창설 당시의 별기군** 별기군은 부국강병책의 일환으로 고종 18년(1881)에 설치된 신식 군대이다.

이라는 새로운 부대가 창설되었어.

별기군은 조총 따위의 신식 무기로 무장한 신식 군대였어. 이들은 일본군 교관들로부터 훈련을 받았으며, 구식 군대에 비해 훨씬 좋은 대우를 받고 있었어. 별기군이 창설되고 나서부터 구식 군인들에 대한 대우는 날로 나빠져갔지.

"에이, 더러워서 못해 먹겠네. 별기군에게는 갖은 특혜를 다 주면서 우리에겐 봉급마저 미루다니!"

구식 군인들의 불만이 커지기 시작했어.

"벌써 봉급을 못 받은 지 13개월이나 지났어. 마누라가 삯일이라도 했기에 망정이지, 봉급만 기다리고 있었다가는 굶어죽을 뻔했지 뭐야."

"게다가 곧 구식 군대를 없앤다는 소문도 있던데?"

"설마?"

"이 사람, 소식이 영 깡통이구먼."

"그럼 이대로 있을 순 없지 않은가. 대장님에게 가서 무슨 대책이라도 세우자고 해야지."

구식 군인들이 우르르 훈련대장에게 몰려가서 대책을 강구할 것을 건의했지만, 그라고 무슨 뾰족한 수가 있을 수 없었어.

그러던 어느 날이었어.

"여보게들! 드디어 밀린 봉급이 나온다네!"

한 군인이 소리쳤어.

"그게 정말인가?"

"이 사람이 속고만 살았나? 거짓말할 게 따로 있지, 내가 그런 거짓말을 왜 하겠나?"

"와! 우리가 툴툴거렸더니 반응이 있구먼. 빨리 가서 이 기쁜 소식을 식구들에게 알려야지."

성질 급한 군인 몇 명은 기쁜 소식을 전하려고 벌써 부대 정문을 나서기도 했어.

"잠깐 기다리게! 이 사람들, 성질 한번 급하군. 대장님 말씀이 봉급이 쌀로 지급된다고 하니, 내일 큰 보따리 하나씩 가져오라고 하셨네."

"히히, 보따리 가지고 되겠나? 일 년 이상 밀린 봉급 다 받으려면 소달구지라도 끌고 와야지."

모두들 싱글벙글 기쁜 표정을 감추지 못했어.

그러나 이튿날 아침, 선혜청*으로 쌀을 받으러 간 구식 군인들은 선혜청 관리들과 다투지 않을 수 없었어.

13개월만에 봉급이라고 준 쌀을 자세히 살펴보니 겨와 모래가 반이나 섞인 것이었어. 나라에서 군인들에게 주라고 한 쌀을 중간에서 빼돌리고 겨와 모래를 섞어 내놓은 것은 다름 아닌 선혜청 관리들이었지.

선혜청 세금을 거두고 관리들의 월급을 주던 관청.

흥분한 군인 하나가 쌀을 나누어 주고 있던 선혜청 관리를 한 대 쳐올렸어.

"어이구! 이놈이 사람잡네!"

선혜청 관리가 대들었지만, 이미 이성을 잃은 군인들에게 몰매만 맞았을 뿐이야.

군인들은 선혜청 창고에 불을 질렀어. 이 사건은 곧 선혜청 당상 겸 병조판서 민겸호에게 보고되었어. 민겸호는 명성황후의

오라버니였지.

"이런 몹쓸 놈들이 있나? 지금 당장 그 구식 군인을 잡아다가 사형시켜라!"

민겸호는 자기 부하의 잘못을 나무라기는커녕 구식 군인들을 잡아다가 사형시키라고 명령했어. 민겸호 역시 선혜청 당상으로 근무하면서 수차례 공금을 떼어먹은 일이 있었어.

민겸호가 동료들을 잡아가두고 사형을 선고했다는 소식을 들은 구식 군인들은 마침내 참고 참았던 분노를 터뜨리고 말았어.

"민겸호를 잡아 죽이자!"

누군가의 말이 끝나기 무섭게 구식 군인들은 무기를 들고 민겸호의 집으로 몰려갔어. 순식간에 민겸호의 집은 불탔고, 그의 식구들과 노비 몇 사람이 목숨을 잃었어.

민겸호는 약삭빠르게도 군인들이 쳐들어온다는 소식을 듣고 누이가 사는 궁궐로 몸을 피한 지 오래였지.

"민겸호란 놈은 나라를 이 꼴로 만든 민비(명성황후를 낮추어 부르는 말)의 친오라버니다!"

"그런 도둑놈을 키운 민비를 없애고, 대원군 나리가 다시 정권을 잡도록 도와야 한다!"

구식 군인들은 즉시 운현궁으로 몰려갔어. 명성황후의 명으로 운현궁을 지키고 있던 별기군 몇 명이 이들에게 죽음을 당하기도 했어.

"대원위 대감! 다시 궁궐로 돌아가셔서 나라를 이끌어 주십시오!"

몰려간 군인들이 간청했지만, 대원군은 아무 말도 하지 않고 그저 묵묵히 앉아 있기만 했어. 구식 군인들은 대원군의 이런 태도를 명성황후를 제거해도 좋다는 뜻으로 받아들였지.

"대원위 대감께서 곧 나랏일을 맡으신단다. 먼저 민겸호와 불여우 같은 민비를 없애자!"

군인들은 별기군 훈련을 맡은 일본 교관들이 있는 일본 공사관을 불태우고, 이어 궁궐로 들어가 민겸호를 살해하고 명성황후마저 잡아 없애려 했어. 그러나 낌새를 알아챈 명성황후는 민간인 옷으로 갈아입고 궁궐을 빠져나갔지.

이 사건을 '임오군란(1882)'이라고 해. '임오년에 일어난 군인들의 반란'이란 뜻이지.

배고픈 군인들이 반란을 일으키다

임오군란이 끝나자 대원군은 다시 정권을 잡게 되었어. 대원군은 먼저 사라진 명성황후를 찾으라고 명령했어. 언제 또다시 나타나서 자신의 뒤통수를 칠지 모르기 때문이었지. 그러나 꼭꼭 숨어 있는 명성황후를 찾아 낸 사람은 아무도 없었어.

한편 명성황후는 민응식이 사는 장호원에 내려와 있었어. 거기서 명성황후는 평민 복장을 하고 지냈기 때문에 아무도 알아보지 못했지.

그러나 장호원에 살던 무당 하나가 명성황후를 알아보고 살살 접근해 왔어. 무당은 어느 날, 민응식의 집 앞을 지나다가 명성황후를 보고 큰절을 올렸어.

"너무도 귀하신 상이어서 저도 모르게 그만 인사를 드렸사옵니다."

순간 명성황후는 깜짝 놀라면서 말했어.

"무슨 말을 하는 겐가? 난 그저 벼슬 없는 양반집 아녀자에 불과하네."

그러나 모든 것을 알고 있던 무당은 너스레를 떨며 말했어.

"저를 경계하지 마십시오. 제가 큰 도움이 될 것입니다."

이 날 이후 무당은 뻔질나게 민응식의 집을 들락거렸어. 그렇지 않아도 대원군에게 쫓겨난 후 마음이 울적했던 명성황후는 곧 무당과 친해졌지. 무당은 점도 잘 쳐서 곧 명성황후의 마음을 사로잡을 수 있었어.

어느 날, 명성황후는 무당에게 자기 신분을 밝혔어. 그러자 무

당은 깜짝 놀라는 척하며 몸을 땅에 붙이고 큰절을 올렸어.

"아이고! 귀하신 분인지는 짐작하고 있었습니다만, 설마 중전마마이실 줄은 꿈에도 생각하지 못했습니다. 그 동안 무례한 점이 있었다면 용서해 주십시오."

명성황후가 무당의 몸을 일으켜 주며 말했어.

"무례라니… 자네는 나에게 큰 힘이 되어 주었네. 앞으로도 신통한 점을 쳐서 날 도와 주게."

"망극하옵니다, 중전마마. 아마 8월 보름날이 되면 마마에게 좋은 소식이 있을 것입니다."

"그랬으면 오죽이나 좋으련만……."

명성황후는 그다지 무당의 말을 믿지 않는 눈치였어. 그러나 무당의 점괘는 참으로 신통했어.

음력 8월 대보름날이었어. 멀리서 파발마 소리가 들리더니, 곧 민응식의 집 앞에 닿았어. 명성황후는 방 안에 숨어서 동정을 살피고 있었지.

"중전마마! 소인, 이용익이옵니다. 전하께서 곧 환궁하라는 분부를 내리셨습니다."

이용익이라면 명성황후가 믿을 만한 사람이었어.

"마마! 대원군이 청나라와 짜고 일본군을 몰아 내려다가 되려 축출되고 말았습니다. 어서 가셔서 나랏일을 돌보셔야 합니다."

명성황후는 그 자리에서 무당을 불렀어.

"자네, 나를 위해 그 동안 수고했으니 함께 궁궐로 들어가세."

파격적인 제안이었어. 무당이 마다할 이유가 없었지. 바로 이런 것을 노리고 그 동안 명성황후에게 갖은 아양을 다 떨었던 거니까!

무당의 아버지가 된 관우

궁궐로 돌아온 명성황후는 무당에게 '진령군'이라는 칭호를 내리고 모든 정사를 진령군과 의논했어. 진령군은 스스로 관우의 딸임을 내세우며 갖은 세도를 다 부리기 시작했지.

이미 진령군에게 혼을 빼앗긴 명성황후는 나라에 변고가 있을 때마다 진령군을 시켜 호화로운 굿판을 벌이게 했어.

그러던 어느 날, 명성황후 앞에 진령군이 나타나 말했어.

"중전마마! 저의 아버지인 관우 장군의 사당을 하나 지어 주십시오."

"동대문 밖에 동묘가 있지 않은가?"

"거긴 제가 거처할 곳이 못 됩니다. 관동 노비촌 근처에 신령한 땅이 하나 있다고 들었사옵니다. 거기에 사당을 지어 머무르고 싶습니다."

이렇게 해서 지어진 것이 바로 북묘였어.

비용은 당연히 백성들이 낸 세금으로 충당되었지. 그리고 힘없는 고종이 명성황후의 부탁으로 친히 동묘를 찾아 북묘를 세운다는 비를 세운 것 또한 한심하지만 당연한 일이었지.

북묘에 둥지를 튼 진령군의 위세는 실로 대단했어. 벼슬자리

를 노리는 철없는 양반들은 돈 보따리를 들고 진령군에게 가 머리를 조아렸어.

진령군과 가깝게 지내던 사람들은 모두 출세를 했지. 조병식, 정태호 같은 사람들은 진령군을 누이라고 부르며 따른 대가로 높은 자리에 올랐고, 이유인이란 사람은 진령군을 어머니라 부르며 따른 대가로 오늘날의 법무부 장관인 법무대신 자리에 오르기도 했어.

온 나라가 일개 무당의 손아귀에 놀아난 꼴이었지. 무려 12년 동안 진령군에 대한 추문은 끊이지 않았어. 전국에서 진령군을 규탄하는 상소문도 빗발쳤지.

결국 진령군은 왕실을 어지럽히고 세도를 부렸다는 죄목으로 감옥에 갇히는 신세가 되고 말

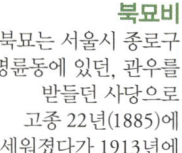

북묘비
북묘는 서울시 종로구 명륜동에 있던, 관우를 받들던 사당으로 고종 22년(1885)에 세워졌다가 1913년에 동묘에 병합되었다. 비문은 고종이 손수 지었고 글씨는 민영환이 썼다.

앉어. 북묘의 운명 또한 진령군과 함께 했지. 한때 벼슬자리를 노리는 양반들로 북적거렸던 북묘도 철폐되고 만 거야.

우리나라 장수가 아닌 남의 나라 장수를 신으로 모신 동묘와 북묘. 두 사당의 차이라면, 동묘가 순수한 의미에서 세워졌다면 북묘는 개인의 부귀영화를 위해 지어져 백성들을 괴롭혀 왔다는 거겠지.

알쏭달쏭 역사 확대경

이여송(?~1598)

중국 명나라의 장군. 1592년 임진왜란이 일어나자 명나라는 형제 나라인 조선을 돕기 위해서 이여송을 총대장으로 하여 원병을 보냈습니다. 처음에는 명나라 군사들도 열심히 용감하게 싸웠습니다. 1593년 이여송이 이끄는 명나라 군대는 고니시 유키나가 부대가 차지하고 있던 평양성 탈환에 성공했습니다. 그 여세를 몰아 이여송은 한양의 용산 땅으로 후퇴하던 고니시의 부대를 쫓으면서 고양의 벽제까지 내려왔습니다. 그러나 벽제에서 오히려 왜군에게 패하고 말았습니다. 그 이후 명나라 군사들은 꼬리를 내리고 위험

❶ 이순신(1545~1598) 묘 충남 아산시.

❷ 도요토미 히데요시(1536~1598) 일본 통일의 대업을 완수하고 1592년 임진왜란을 일으켰다. 그의 해외 침략의 최종 목표는 중국, 필리핀, 인도의 정복이었다.

한 전쟁터에는 잘 나가려 하지 않았고, 실제로 조선에는 큰 도움이 되지 못했습니다.

 ## 임오군란

1882년 6월, 신식 군대인 별기군과의 차별 대우와 13개월이나 밀린 급료를 지불하면서 겨와 모래가 섞인 쌀을 주자 구식 군인들은 마침내 무력 행사에 돌입했습니다. 군인들은 포도청을 습격해 붙잡혀간 동료들을 구출하고 의금부로 가서 죄수들을 풀어 주었으며 일본 공사관을 습격했습니다.

대원군 정권이 들어서 사태 수습에 나섰으나, 일본과 청국이 즉시 군대를 파견했습니다. 청군은 대원군을 납치하는 한편 서울 시내와 궁궐을 장악했고, 정권은 다시 민씨 세력이 잡게 되었습니다.

임오군란
군인과 주민들이 일본 공사관을 습격하고 있다.

사람이 살지 않는 무인도, 밤섬

유유히 흐르고 있는, 우리나라 수도 서울의 젖줄인 한강.

강원도 태백시 금대봉 검룡소에서 발원하여 남한강을 이루며 흐르다가 경기도 양수리 두물목에서 북한강과 만나 서해로 흘러드는 강이야.

하류에 서울이라는 큰 도시를 만들고 김포 평야라는, 광활하고 기름진 땅을 우리에게 안겨 준 고마운 강이기도 하지.

이 귀한 민족의 젖줄인 한강을 따라 내려가다 보면 수많은 사연들을 접할 수 있어.

검룡소 한강의 발원지로, 강원도 태백시 창죽동 금대봉골에 있다. 1987년 국립지리원에서 실측한 결과 최장 발원지로 공식 인정되었다.

송파나루가 그렇고 압구정, 마포나루, 노량진, 양화진, 행주산성 등 선조들의 숨결이 살아숨쉬지 않는 곳이 없을 정도지.

다행히 이 모든 유적지는 우리가 마음만 먹으면 쉽게 찾을 수 있는 곳에 있어.

그러나 단 한 곳, 가고 싶어도 특별히 허가를 받지 않으면 갈

수 없는 곳이 있어. 바로 한강 하류 중간쯤에 위치한 작은 섬, '밤섬' 이야.

사람이 살지 않는 무인도, 밤섬. 지금은 갯버들과 각종 철새, 물고기들이 둥지를 틀고 사는 이 밤섬은 조류 보호 지역으로 지정되어 있어서 허가를 받지 않으면 들어갈 수 없어.

밤섬은 여의도 아래에 위치하고 있으며, 서강대교가 그 위를 지나가고 있어. 지금은 비록 작은 무인도에 불과하지만, 한때는 많은 사람들이 고기잡이와 약초를 재배하면서 살았던 섬이기도 해.

서강대교에서 바라본 밤섬

**사람이 살던
옛날 밤섬의 모습**

그러나 옛날의 밤섬은 지금의 자리에 있지 않았어. 옛날 밤섬의 위치는 여의도 국회의사당 뒤쪽 시민 공원 자리에 있었어.

밤섬이 사람이 살았던 섬인데 반해 여의도는 몇 십 년 전까지만 해도 무인도였어. 여의도는 지금의 밤섬처럼 홍수가 나면 쉽게 잠기는 모래밭에 불과했지.

그러다가 여의도와 밤섬은 서로 운명이 뒤바뀌게 되었어. 박정희 전 대통령은 여의도를 개발하기 위해 밤섬을 무너뜨렸어. 여의도 개발에 필요한 흙과 모래, 자갈 등을 파내기 위해서였지. 밤섬에 살던 사람들이 지금의 신촌 부근으로 이사를 간 것도 그 때의 일이야.

무참히 파헤쳐진 밤섬은 그로부터 서서히 그 모습이 사라져가기 시작했어. 홍수가 나면 물의 힘에 의해 조금씩 자리를 옮겼고, 급기야는 지금의 자리에 놓이게 되었지. 지금의 밤섬 역시 해마다 되풀이되는 홍수로 섬의 모양이 자주 바뀌고 있어.

옛날 밤섬에 살던 사람들은 모두 부자였다고 해. 그도 그럴 것이 주민 대부분이 물고기 잡는 일과 누에치기, 약초 재배로 돈을 많이 벌었기 때문이야.

임금과 왕족들의 병을 다스리는 내의원에서도 밤섬에서 재배하는 약초를 주로 사갔다고 하니, 주민들이 돈을 많이 벌 수밖에 없었겠지.

모양이 자주 바뀌는 밤섬

　이 곳이 밤섬으로 불리게 된 이유는 밝혀지지 않고 있어. 밤나무가 많아서였을까? 하지만 어느 기록에도 밤섬에 밤나무가 많았다는 기록은 보이지 않아.
　오히려 밤섬에는 뽕나무가 숲을 이루고 있었지. 뽕나무 외에도 거대한 은행나무 두 그루가 서 있었다고 해. 그 은행나무는 고려 말의 충신인 김주가 심은 것이라고 해.

두 그루의 충신목이 자라던 섬

　고려 말의 일이었어. 당시 고려의 상황은 갈수록 나빠지고 있

었어. 궁궐엔 간신배들이 들끓었고, 임금은 좋은 말만 하는 간신들을 곁에 두기를 좋아했지.

"전하! 이러시면 아니 되옵니다. 자중하시오소서!"

사치와 향락에 빠져 지내는 임금에게 이런 말을 하는 충신들도 적지 않았지만, 그들의 말로는 비참하기 이를 데 없었어.

임금에게 직접 책망을 듣는 것쯤은 아무것도 아니었어. 대부분 간신들의 음모로 목숨을 잃거나 귀양을 가기 일쑤였지.

김주 역시 스러져 가는 고려의 앞날을 걱정하여 임금에게 바른 소리를 했다가 귀양을 가게 되었어. 김주가 귀양을 간 곳이 바로 한강의 밤섬이었어.

지금 생각하면 우스울지 모르지만, 그 때는 충분히 있을 수 있는 일이었지. 왜냐하면 고려의 수도는 개경(개성)이었고, 따라서 서울에는 그다지 사람들이 많이 살지 않았기 때문이야. 게다가 사방이 깊은 강물로 둘러싸여 있는 밤섬은 유배지로서 손색이 없었을 거야.

김주는 개경에서 해주로 옮겨졌다가 서해 바다를 통해 한강으로 가는 배에 올랐어. 그리고 어둑어둑해질 무렵 밤섬에 도착했지.

김주가 밤섬에 도착하여 사방을 둘러보니 적막하기 그지없었어. 그를 반겨 주는 사람은 아무도 없었어. 갈대숲과 풀벌레들만

이 김주를 맞이해 주었지. 김주는 그 자리에 앉아 꼼짝하지 않고 흐르는 강물만 바라보고 있었어.

"그래, 어쩌면 더 잘 된 일인지도 몰라. 바람 앞의 등불과도 같은 고려의 운명을 지켜보고만 있는 것보다는 이 곳에서 남은 여생을 마음 편히 보내야지."

이튿날 김주는 홀가분한 마음으로 섬 주위를 둘러보았어. 사

방엔 맑은 한강 물이 흐르고 있었고 섬 주위에는 하얀 백사장이 펼쳐졌으며 갈대숲이 우거져 있었지. 강물에 낚싯대만 드리우면 잉어, 끄리(잉어과의 민물고기), 쏘가리 따위의 물고기들이 물려 올라왔고……

수도 개경에서 간신배들을 상대하느라 마음 고생이 심했던 것을 생각하면 이 곳은 꿈에서나 그리던 무릉도원 그 자체였어.

김주는 이 밤섬에서 오래오래 살리라 다짐하고 밤섬을 가꾸기 시작했어. 그가 제일 먼저 한 일은 밤섬 중앙에 두 그루의 은행나무를 심은 일이었어.

그러나 김주의 생각과는 달리 그의 유배 생활은 그리 오래 가지 않았어. 어느 날, 공양왕이 보낸 사자가 밤섬에 도착한 거야. 김주는 마치 임금을 대하듯 사자 앞에 무릎을 꿇고 앉아 귀를 기울였어.

"김주는 곧 개경으로 돌아와 명나라에 사신으로 갈 준비를 하라."

결국 김주는 은행나무 두 그루만 심어 놓고 밤섬을 떠나게 되었어. 하지만 김주가 떠난 후에도 이 은행나무는 계속 자라 밤섬이 해체될 때까지 '충신목'이라는 추앙을 받으며 거목으로 자라고 있었다고 해. 충신목이란 '충신 김주가 심은 나무'라는 뜻이야.

한편 사신으로 명나라에 가 일을 보고 돌아오던 김주는 압록강에서 뜻밖의 소식을 듣게 되었어. 이성계가 위화도에서 군사를 돌려 고려를 멸하고 조선을 세웠다는 소식이었어. 더구나 이성계는 김주에게 빨리 돌아와서 자기를 도우라고 했다는 거야.

이 소식을 들은 김주는 한참 동안 압록강 물만 바라보고 섰다

송산사지 심귀단 송산사는 조선 개국에 참여하지 않고 고려 왕조에 대한 절개를 끝까지 지킨 김주, 조견, 원선, 이중인, 김양남, 유천의 충절을 기리기 위한 사당이었다. 흥선대원군의 서원 철폐령에 의해 헐리고 1892년 옛터 위에 여섯 분의 위패를 모신 단이 마련되었다. 경기도 의정부시.

가 자신을 따르던 종을 불러 말했어.

"나는 돌아가지 않겠다. 이 관복과 신발을 줄 터이니, 너 혼자 돌아가거라!"

이에 놀란 종이 물었어.

"왜 그러십니까? 이제 강만 건너면 곧 우리 땅에 닿을 텐데요?"

"내 나라 고려는 이미 망하지 않았느냐? 충신은 두 임금을 섬기지 않는 법이니라. 돌아가거든 이 옷과 신발을 묻어 내 무덤으로 삼고, 오늘을 내 제삿날로 삼으라고 일러라."

공양왕릉 고려 마지막 왕인 공양왕(재위 1389~1392)과 그의 부인 순비 노씨의 무덤이다. 경기도 고양시 원당동.

이 말을 마치고 김주는 다시 명나라 땅으로 돌아가 버렸다고 해.

김주의 한이 서린 밤섬. 지금은 그가 심었다는 은행나무는커녕 조선시대에 심었다는 뽕나무조차 사라지고 없어.

옛날 김주가 처음 왔을 때처럼 사람의 자취는 끊어지고 갈대와 갯버들이 숲을 이루고 있으며 새들이 지저귀는 무인도로 남아 있지.

알쏭달쏭 역사 확대경

공양왕 (재위 1389~1392)

스러져 가는 고려를 다시 세우기 위해 많은 노력을 기울였던 고려 제34대 마지막 임금. 부패한 불교 승려들에 대해 백성들이 눈을 돌리자 배불숭유 정책, 즉 불교를 배척하고 유교를 받드는 정책을 쓰기도 했습니다. 그리고 나라의 수도인 개경이 터가 좋지 않다고 하여 한때 수도를 한양으로 옮기기도 했으나, 민심이 흉흉하여 다시 개경으로 돌아왔습니다.

그러나 공민왕, 우왕, 창왕을 거치면서 썩을 대로 썩은 고려를 구하기란 애당초 무리였습니다. 이미 이성계에 의해 임금 자리에 오른 공양왕은 임금에 오른 지 4년만인 1392년, 결국 이성계에 의해 물러났고 고려 또한 멸망하였습니다.

❶ **태조 이성계**(재위 1392~1398)

❷ **이성계의 위화도 회군**(1388) 명이 원이 차지하였던 철령 이북 땅을 돌려 줄 것을 요구하자 고려 조정에서는 이를 거절하고 명이 차지하고 있던 요동 지방까지 수복하고자 군사를 출동시켰다. 그러나 이에 반대하던 이성계는 위화도에서 군사를 돌려 개경으로 돌아와 고려를 멸하고 조선을 세웠다 (1392).

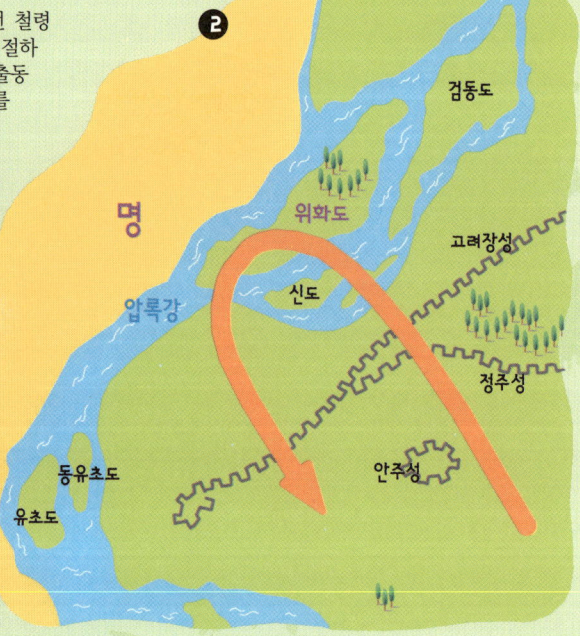

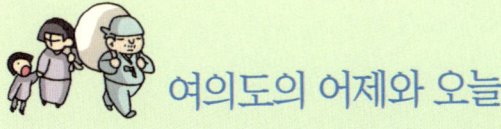
여의도의 어제와 오늘

옛날의 여의도는 모래섬이었습니다. 비행장 활주로와 목장으로 이용되다가 1968년의 여의도 개발과 1980년대 한강종합개발사업으로 오늘의 현대식 도시로 탈바꿈하였습니다.

섬의 높이를 높이는 데 필요한 흙과 돌을 얻기 위해 인근의 밤섬을 폭파시켰고, 섬 주위에 윤중제를 쌓고 벚나무를 가로수로 심었습니다. 현재 여의도에는 국회의사당, 방송국, 증권사 등이 들어서 정치, 경제, 금융의 중심지가 되었습니다.

1986년 한강종합개발사업으로 시민공원, 유람선이 생기고 1999년에는 여의도 광장이 대규모 공원으로 탈바꿈하였습니다.

❶ 여의도 비행장 1916년 3월 공사에 착공하여 10월에 개장하였고, 1971년 폐쇄되었다.
❷ 현재의 여의도 전경

강물을 보며 시름을 달래다

서울특별시 마포구 공덕역 부근은 구한말 때까지만 해도 한강 변이었어. 그 후 한강 제방 공사를 하고 길을 만들다 보니 지금은 공덕동과 한강이 많이 떨어지게 되었지.

지금의 동도중학교 자리가, 대원군이 강물을 바라보며 시름을 달래던 별장 '아소정' 터였다고 해.

대원군은 임오군란(1882)으로 다시 정권을 잡을 수 있었지만, 그 후 청나라에 납치되어 갔어. 그러다가 김옥균 등이 일으킨 갑신정변(1884) 때 다시 고국으로 돌아올 수 있었지.

대원군이 돌아와 보니 나라 안에서는 청나라, 러시아, 일본 등이 서로 세력 다툼을 벌이고 있었어. 이미 조선은 자주국으로서의 구실을 하지 못하고 있었던 거야.

이들 세 나라 중 일본의 세력이 가장 컸어. 일본은 우선 자기네들과 가까운 김홍집을 내세워 왕권을 약화시킬 목적으로 '갑오개혁(1894)'을 단행했어.

김홍집(1842~1896)

　비록 일본을 등에 업고 이룬 개혁이지만, 갑오개혁으로 우리 백성들의 생활은 많이 바뀌게 되었어.
　무엇보다 '신분 철폐 제도'가 많은 사람들로부터 환영을 받았어. 양반과 상민 그리고 노비로 나누어졌던 신분 제도가 없어진 거야. 이제 종이면 대대로 종으로 살아야 했던 사람들도 능력만 있으면 벼슬을 얻을 수 있게 되었어.
　이외에도 많은 부문이 개혁되었지만 대원군을 비롯한 왕족들의 불만을 산 내용은 다름이 아니라, 그 동안 왕이 모든 정치를 하던 것을 '군국기무처'라는 곳에서 하기로 한 거야. 이제 임금은 그저 상징적인 존재에 지나지 않게 된 거지.
　대원군은 이대로 가다가는 자신이 곧 밀려날 수도 있다는 생각이 들었어.
　"바보 같은 임금(고종). 내가 저를 임금 자리에 올리려고 얼마나 고생을 했는데……."
　대원군은 아들 고종이 원망스러웠어. 일본은 이미 청일 전쟁

(1894~5)에서 이겨 조선을 제 마음대로 주물럭거리고 있었어.

"이대로 가다가는 조선은 일본에게 먹힐 것이 뻔해. 임금부터 바꾸고 내가 다시 정권을 잡은 후에 일본을 몰아내야겠다."

대원군은 고종을 몰아내고 고종의 배다른 동생의 아들인 이준용을 임금으로 앉히려는 계획을 세웠어. 대원군은 당시에 일어난 동학군을 이용하기로 했어.

대원군을 따르는 무리들이 동학군을 한양으로 몰래 불러들여 고종과 세자를 몰아내고 김홍집 일파를 제거한 후 이준용을 임금으로 세운다는 계획이었어.

그러나 이 계획은 시작하기도 전에 일본에 의해 중단되고 말았어. 대원군이 보낸 비밀 편지가 발각되었기 때문이야.

이준용은 곧 체포되어 강화도 교동으로 유배를 갔고, 대원군의 심복 다섯 명은 사형을 당했어. 대원군 역시 앞서 말한 그의 별장 '아소정'에 갇히는 신세가 되었지.

아소정에서 한 발짝도 나갈 수 없었던 대원군은 손자 이준용이 보고 싶어 미칠 지경이었어.

"이놈들아, 차라리 나도 교동으로 보내라!"

대원군은 밤낮으로 고함을 질렀지만, 아소정을 지키는 군사들은 눈 하나 깜짝하지 않았어.

대원군은 밤에 몰래 한강으로 나가 배를 타고 교동으로 가려

**아소정 터
표석**
동도중학교
운동장 옆에
있다.

148

했지만 이마저도 실패로 끝나고 말았어. 오히려 경비병들에게 떠밀려 한강 물에 빠지는 수모까지 당했지.

다시 아소정으로 돌아온 대원군은 하도 억울하고 분하여 문고리를 잡고 통곡하기 시작했어. 그의 통곡은 몇 날 며칠을 두고 계속되었어.

그 울음소리가 하도 서러워서 아소정을 지나던 사람들이 눈시울을 적셨을 정도였대. 그 후부터 사람들은 혼자서 큰 소리로 통

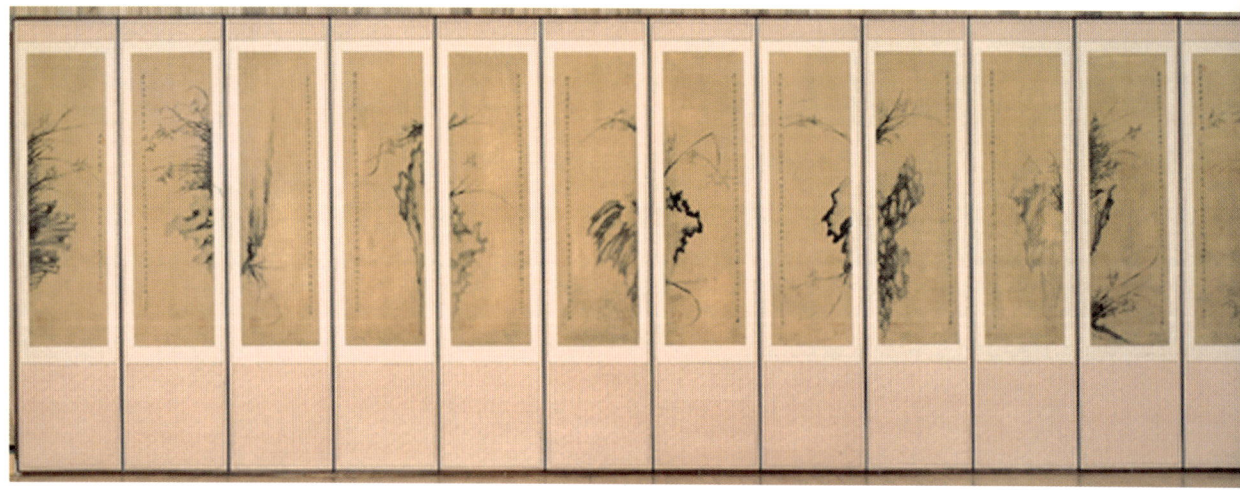

대원군의 필묵란도

곡하는 사람을 보면, '아소정 호랑이가 우나?' 라고 했대.

아소정에 갇혀서 지내던 대원군의 처지는 매우 궁색했어. 고종이 생활비를 보내 주기는 했지만, 그것만으로는 생활하기에 턱없이 부족했어. 그래서 대원군은 그의 장기인 붓글씨와 그림을 그려 연명했다고 해.

한때 조선을 호령하던 늙은 호랑이 대원군의 말로는 이처럼 비참했던 거야. 밀려났다가 다시 정권 잡기를 수차례 반복했던 그의 삶은 조선의 운명만큼이나 굴곡이 많았어.

공덕동에 있었던 대원군의 별장 아소정. 아소정 건물은 그 후에 헐려 신촌 연세대학교 뒤쪽에 위치한 봉원사에서 새 건물을 지을 때 건축 재료로 사용했다고 해.

싸움을 붙여라! - 만리동 고개

아! 마포 하니 생각나는 곳이 또 있어. 바로 만리동 고개야. 아소정에서 조금만 가면 있지.

더 쉽게 알려 줄게. 지금의 서울역 뒤쪽을 흔히들 서부역이라고 부르는데, 이 서부역에서 보면 남대문 시장 쪽에서부터 길게 고가도로가 걸쳐져 있는 것을 볼 수 있어. 이 고가도로가 마포로 빠지는 길로,

만리동 고개

그 끝나는 지점에 고갯마루가 나타나는데, 이 고개를 만리동 고개 또는 만리재라고 해.

만리동이라는 이름은 조선 세종 때 집현전 부제학을 지냈고 한글 창제에 반대한 학자 최만리의 이름에서 따온 거야.

동네 이름은 그리 중요한 것이 아니고, 지금 하려는 이야기는 나라에서 마을을 나누어 편싸움을 붙였다는 거야. 그것도 보통 싸움이 아니었어. 주먹만한 돌멩이가 날아다니고, 그 돌에 맞아 머리가 깨지는 사람들이 속출할 정도로 치열한 싸움이었다고 해.

'설마 나라에서 편싸움을 붙였을까?' 의심하는 사람들도 있을 거야. 그러나 사실이었어.

편싸움을 하면 나라에서 말려도 시원치 않을 판에 나서서 싸움을 붙이다니, 도대체 무슨 이유에서였을까?

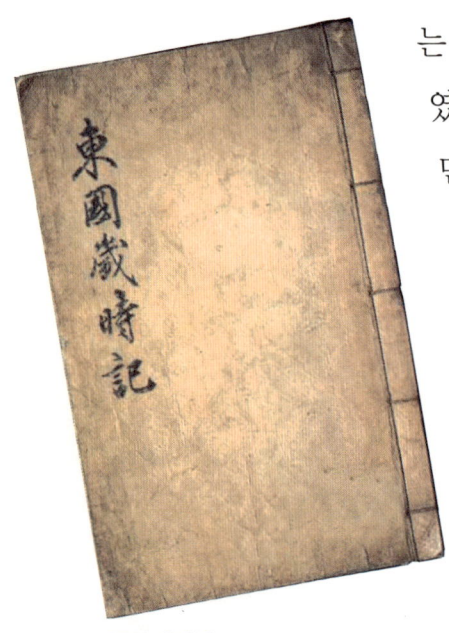

동국세시기
조선 후기에 홍석모가 연중행사와 풍속들을 정리하고 설명한 세시풍속집.

옛날 우리 선조들의 풍속을 적어 놓은 《동국세시기》라는 책을 보면 이 편싸움에 관한 이야기가 상세하게 나와 있어.

편싸움은 음력 정월 대보름날 이루어졌어. 서울의 3대문, 즉 동대문, 남대문, 서대문(북문 밖에는 사람이 살지 않았음) 밖에 사는 사람들이 한 패를 이루어 지금의 아현동에 사는 사람들과 만리재에서 해마다 편싸움을 벌였어.

 이 싸움에서 3대문 밖 사람들이 이기면 경기도 지방에 풍년이 들고, 아현동 쪽 사람들이 이기면 경기도 외의 지방에 풍년이 든다는 속설 때문에, 싸움의 결과를 전 백성들이 매우 관심을 가지고 지켜보았다고 해.

 편싸움을 한 곳은 만리재만이 아니었어. 서울에서도 여러 군데에서 편싸움이 벌어졌고, 지방에서는 경상도 김해와 안동, 평

안도의 평양 등에서도 편싸움이 벌어졌지.

그러면 왜 나라에서 이런 편싸움을 말리지 않았을까? 나라에서는 편싸움을 비상 사태에 대비하기 위한 하나의 훈련으로 생각했어. 옛날엔 비상시엔 군인뿐 아니라 이 나라 백성이라면 남자들은 누구나 전쟁터로 나가야 했어.

직업적인 군인이나 의무적으로 군인이 된 젊은이가 없지는 않았지만, 일단 전쟁이 났다 하면 그들만으로는 턱없이 부족했기 때문이지.

"나는 예전에 군대에 갔다 왔으니 전쟁터에 나가지 않아도 돼."

이런 말은 있을 수 없었어. 전쟁이 나면 모두가 군인이 되어야 했지. 그러나 나라에서는 시간과 돈을 들여 이들을 훈련시킬 형편이 못 되었어.

대신 삼국시대 때부터 내려오던 마을 편싸움 풍속을 못 본 체하거나, 싸움의 규모를 키우도록 슬며시 부추기기까지 했던 거야.

실제로 중종(재위 1506~1544) 때 경상도 삼포에 왜구들이 침입해 왔을 때 김해와 안동 편싸움에서 돌 던지기를 잘하던 사람들만 뽑아 전쟁터에 보냈다는 기록이 〈중종실록〉에 실려 있어.

이광수가 지은 《지봉유설》이란 책에는, 임진왜란 때 돌 던지기를 전문으로 하는 싸움꾼들을 뽑아 전투에 투입시켰지만 조총을 가진 왜군들을 당해 내지 못했다는 기록이 있어.

돌 던지는 군사를 '척석군'이라고 했는데, 척석군이 가장 빛을 본 전쟁은 세종(재위 1418~1450) 때 북방의 오랑캐들을 막은 일이었다고 해.

정월 대보름날, 편을 갈라 돌멩이를 던지고 몽둥이를 휘두르며 편싸움을 벌이던 모습. 놀이 겸 훈련으로 행해졌던 만리재 편싸움은 그 규모가 컸던 것만큼이나 가장 오래 유지되었다고 해.

지금도 오르막이 심한 이 고갯길을 지나노라면 어디선가 편싸움을 지휘하는 마을 대장의 목소리가 들리는 듯해.

중종실록

역사 확대경

조선왕조실록

조선 태조 때부터 25대 철종 때까지 472년간 나라와 왕실에서 일어난 역사를 기록해 놓은 책. 실록은 한번에 만들어진 것이 아니라, 연월에 따라 대대로 만들어져 온 것입니다. 실록은 임금이 죽으면 그 다음 임금이 그 동안의 기록과 자료들을 모아 책으로 꾸미게 되어 있었습니다.

따라서 한 임금이 재위하면서 자신의 업적을 과장되게 기록할 수 없었습니다. 〈연산군 일기〉 〈광해군 일기〉가 대표적인 예입니다.

한때는 〈단종실록〉도 〈노산군 일기〉로 되어 있었으나 사육신과 함께 단종의 명예가 복위되면서 〈단종실록〉이 되었습니다. 《조선왕조실록》은 조선 역사를 연구하는 데 매우 귀중한 역사책입니다.

❶ **조선왕조실록 오대산 사고본**
사고란 고려, 조선시대 역대의 실록을 보관하기 위해 국가에서 설치했던 창고로, 조선시대에는 춘추관, 강화, 묘향산, 태백산, 오대산 등 5사고가 있었다.

❷ **단종실록**

갑오개혁

1894년(고종 31년), 정권을 잡은 개화파가 봉건제도를 무너뜨리고 나라의 제도를 서구식으로 개혁한 일로, '갑오경장'이라고도 합니다. 갑신정변으로 인해 조선에서 힘을 잃어 가던 일본이 다시 힘을 얻게 된 것은 공교롭게도 일본을 몰아내려던 동학혁명 때문이었습니다. 동학군에게 죽음을 면치 못할 것이라는 생각을 한 벼슬아치들은 일본과 청나라에 군사를 보내 달라고 요청하였고 결국 동학혁명은 실패로 돌아가고 말았습니다. 동학혁명이 끝나자 청나라의 위안스카이는 동시에 조선에서 군사를 철수하자고 일본에 제안했습니다. 그러나 일본은 군사들을 돌려보내지 않고 개화파들을 내세워 조선의 내정에 간섭하기 시작했으며, 결국 임금에게는 아무런 힘을 주지 않는 갑오개혁을 실시했습니다.

❶ **천도교중앙대교당**
천도교 3대 교주였던 손병희의 주관으로 1921년 건립했다.

❷ **위안스카이**(1859~1916)
청말의 개혁파 관료. 중화민국 초대 대총통.

찾아보기

ㄱ

갈매못 31
갑오개혁 145~6, 157
갑오경장 157
강우규 96
강홍립 21~25
검룡소 129
공양왕 140
관우 사당 101, 108
광나루 16
광해군 18, 67
궁산 62
기해박해 33
김대건 33
김류 81
김상헌 74
김자점 81
김주 133
김홍집 145

ㄴ

남연군 32
남종삼 48
누르하치 19
능양군 81

ㄷ

다블뤼 31
대북파 81
대원군 31
독립문 94
독립신문 94
독립협회 94
동관묘 102
《동국세시기》 152
동묘 102
《동의보감》 59
동학혁명 157

ㄹ

로즈 31, 48
리델 48

ㅁ

마포나루 15
만리동 고개 150
만세덕 107
망원정 39
명성황후 110
모래내 78
모방 33

모악 86
무악재 85
무학대사 87
문수산성 44
민겸호 115
민비 116
민응식 118

ㅂ

밤섬 130
베르뇌 31
별기군 112
별초군 44
병인박해 31, 48
병인양요 31
병자호란 72
봉림대군 76
북묘 121
비선 47

ㅅ

삼랑성 43
삼전도비 75
삼학사 74
새남터 31~32
샤스탕 33
서대문 형무소 96
서인파 81
서재필 94
선혜청 114
세검정 67
소현세자 76
송파나루 16
신미양요 32
신유박해 33
신후군 44

ㅇ

아소정 145
아편 전쟁 42
앵베르 33
양녕대군 37
양천 향교 62
양헌수 44, 49
양화나루 15~17
여의도 131, 141
영은문 94~95
영창대군 80
오달제 74
오페르트 32

운현궁 111
위안스카이 157
위화도 회군 137
유관순 96
유의태 60
유인막 90
윤집 74
이괄 67~71
이귀 81
이성계 87, 140
이수광 27
이어첨 81
이억년 57
이여송 104, 124
이조년 57
이준용 147
인목대비 81
인조반정 67, 80
임오군란 117, 125

ㅈ

잠두봉 17
절두산 17
정도전 88
정묘호란 71

정인홍 81
정족산성 44
제물포 15
《조선왕조실록》 156
주문모 33
《지봉유설》 27, 30, 154
지인 105
진령군 120

ㅊ

척석군 154
청일 전쟁 146
청 태종 74
최만리 151
최명길 73

ㅌ

투금탄 57

ㅎ

하륜 87~88
한성근 44
허선문 60
허준 59
홍익한 74

| 사진자료찾기 |

홍제원　67
홍제천　78
환향녀　77
효령대군　37

ㄱ

갑곶 돈대　48
강변북로가 지나는 절두산　31
강화도 정족산성　43
강화산성 남문　49
개화기 제물포의 모습　15
검룡소　129
공양왕릉　138
관우 사당　108
광해군 묘　81
김대건 신부　33
김홍집　146

ㄴ

남한산성 남문　73

ㄷ

단종실록　156
대원군의 필묵란도　150
도요토미 히데요시　124
독립문　85
독립문 앞의 영은문 기둥돌　95
독립신문　94
동국세시기　152
동래부순절도　105

동묘　102
동묘 공원　103
동의보감　59

ㄹ

로즈 제독의 작전 회의　48

ㅁ

만리동 고개　151
망원정　40
모양이 자주 바뀌는 밤섬　133
무학대사　87
무학대사비　87

ㅂ

법고　39
별기군의 훈련 모습　112
복원된 문수산성　42
북묘비　122

ㅅ

사람이 살던 옛날 밤섬의 모습　131
삼전도비　75
새남터기념관　32
새남터순교기념성당　32

서강대교에서 바라본 밤섬　130
서대문형무소 사형장과 사형장 입구　97
서대문형무소 12옥사 내부 모습　96
서대문형무소역사관　86
서대문형무소 역사전시관　96
서대문형무소의 높은 담장과 망루　97
서대문형무소의 시구문 입구와 비밀 통로　97
서대문형무소 추모비　97
서재필 동상　94
세검정　68
송산사지 심귀단　137

ㅇ

아소정 터 표석　148
앵베르, 모방, 샤스탕의 처형 광경　33
양천 향교　62
양헌수 승전비각과 승전비　49
여의도 비행장　141
영은문　95
영창대군 묘　81
옛날의 독립문과 독립관　95

옛날의 마포나루   15
운현궁   111
위안스카이   157
의성 허준   59
이성계의 위화도 회군   140
이수광의 묘   30
이순신 묘   124
인조별서유기비와 비각   80
임오군란   125

ㅈ

절두산순교성지기념관   18, 31
절두산 순교자 기념탑   31
조선왕조실록 오대산 사고본   156
중종실록   155
지봉유설   30

ㅊ

창설 당시의 별기군   112
천도교중앙대교당   157
천주교 비밀 집회 모습   33

ㅌ

태조 이성계   140

ㅍ

평양성 탈환도   104

ㅎ

허준 박물관   61
현재의 독립관   95
현재의 여의도 전경   141
홍제천   78

숨은 역사 이야기 ❷
학의 깃털로 군함을 만들어? - 망원정

2009년 1월 30일 초판 1쇄 발행 | 2009년 8월 20일 초판 2쇄 발행 | 글 권영택 | 그림 김건
펴낸이 안경란 | 펴낸곳 책먹는아이 | 주소 경기도 고양시 덕양구 토당동 335-72 1층
전화 031-970-1628 | 팩스 031-970-1629 | ISBN 978-89-959804-7-7 (73980)

ⓒ책먹는아이 2009   *잘못된 책은 구입하신 서점에서 바꾸어 드립니다.
www.eatingbooks.co.kr   http://cafe.daum.net/eatingbooks

*이 책의 사진은 당사에서 직접 찍거나 서울특별시청 및 블로그 山寺愛人의 허락을 받아 게재한 것이므로
 무단 전재 및 복제를 금합니다. 단, 흑백 사진은 서울특별시청과 무관함을 알려 드립니다.
 저작권자를 찾지 못하여 부득이하게 먼저 사용한 사진이 있습니다.
 저작권자가 확인되는 대로 게재 허락을 받고 합당한 사용료를 지불하도록 하겠습니다.